COO代行

それは最強のビジネス戦闘力を持つ職業

株式会社びりかん 代表取締役
信國 大輔 NOBUKUNI DAISUKE

ACTING
CHIEF
OPERATING
OFFICER

ザメディアジョン

はじめに

COO を〝代行する〟ということ

コンサルタント、マーケター、士業、研修講師、コーチなど、支援業のみなさん、あるいはこれからプロとして独立を目指そうとしているみなさんへ。

最初にまずご提案です。

生涯にわたって年間3000万円以上稼ぎ続けられる超普遍的な王道スキルを身につけてみませんか?

初めまして。「株式会社びりかん」の代表取締役・信國大輔《のぶくにだいすけ》と申します。私は〝COO代行〟という仕事で常時15~20社のクライアントを支援しています。**たった1人でやっている気ままな個人プロですが、ここ15年ほどは年間売上3000万円を下回ったことはありません。**さらには、その実績を元に〝COO代行〟を目指したい方向けの講座も行っています。

〝COO代行〟といっても今の段階では、

「え、COOを代行する？　どういうこと？」

と思う方がほとんどではないでしょうか。そもそも〝COO〟という横文字のワードですら、正確に説明できる人は多くないと思います。さらにそれを〝代行〟するって……？　このよくわからない言葉の説明は後ほど行うとして、本書を手に取ったみなさんに問います。

現在、このようなお悩みを抱えていませんか？

●実際にいろんな企業を支援しているが、自分の専門分野のみを支援するというスタイルではクライアント支援を成功させることに限界があり、物足りなさを感じている

●これまでひとつの専門領域で頑張ってきたが、これ以上専門性を高めることには限界があり、頭打ち感を覚えている

●企業に対して発揮できる自分のバリュー（＝価値）のさらなる高め方がわからず、支

援単価がなかなか上がらない。契約期間も伸びない

●どうしても現場の実務支援に翻弄され、事業戦略・組織戦略などの上位レイヤーにタッチすることができない

支援業に就いている方以外のサラリーマンの方に関しては、

●いつか独立してプロとして活躍してみたいが、社内の何でも屋になってしまい、自分のキャリアの今後の方向性がよくわからなくなっている

私の講座の受講生も同じような課題を抱えており、何とか現状を打破したいという思いで門を叩く方がほとんどです。

COO代行によって得られるもの

さて、冒頭のCOO代行の話に戻ります。

このCOOを日本語にすると「最高執行責任者（Chief Operating Officer）」となり、CEO（Chief Executive Officer：最高経営責任者）である社長の右腕のような存在です。

COOが対応する業務は多岐に渡ります。事業戦略に基づく事業計画作成はもちろん、そこから人員配置や採用・育成計画などの組織戦略への落とし込み、そして各部門長と協調しながらマーケティングや営業、あるいはプロダクト・サービスなどの戦術を作り込んで推進していきます。さらに、傍らでPL（Profit and Loss Statement：損益計算書）やキャッシュフローなどを見ながら管理部と資金調達（増資や融資）について計画・実行するなど、ビジネスに関わるほぼすべての領域が対象になります。

また、単にロジカルな側面だけでなく、部下の希望や悩みに耳を傾け、時に励まし勇気づけ、部門間の衝突があればうまく調整し、未来を示唆しながらチームを鼓舞し、合意形成を図って社内を一枚岩化させていくという感情面のマネジメントも必要になります。

仮に経営を格闘技にたとえるなら、それぞれルールが特化しているボクシングでもプロレスでも相撲でも柔道でもなく、勝つためにはなんでもアリだし、なんでもできなければいけない「総合格闘技」といった感じでしょうか。

私が本書で提唱したいのは、この会社経営の根幹を担う大役をみなさんが代行しませんか？　つまりCOO業務を代行しませんか？――ということです。

このような重要な役割を、その会社の取締役でもなければ社員でもない外部の立場で行うなんて無理に決まっていると思われるのが普通だと思います。

しかし、私は**COOはやり方次第で誰にでも代行できると断言します。**本書では、これまでに類を見ない新しい視点と逆転的発想で、あなたをワンランク上の支援業＝〝COO代行〟に進化させる具体的なノウハウを惜しみなく提供します。

冒頭のようなお悩みを抱えているみなさんも、この本を読めば少なくとも次のような効果が期待できます。

●自分の専門分野を超えて、そのクライアントに必要な支援を幅広く提供できるので、

成功率が上がり、クライアントから重宝されるため、仕事の意義・やりがいが今まで以上に大きくなる

●専門分野の専門性を高める以外の方法で、自分のビジネス戦闘力を飛躍的に高める道筋が見つかる。企業に対して発揮できる自分のバリュー（＝価値）のさらなる高め方がはっきりわかる。結果として支援単価が上がり、契約期間も伸びる

●現場の実務をうまく手放して、事業戦略・組織戦略などの上位レイヤーの仕事に中心軸を移すことができる。その結果、数千万円単位の高い報酬をもらいつつ、ゆとりあるワーク・ライフ・バランスも実現できる

サラリーマンの方については、

●社内での自分の価値がはっきりとわかり、自分のキャリアの方向性が明確になる。独立に向けての足がかりを得られる

もしすべて手に入ったとしたらいかがでしょうか。きっと支援業のプロとしても、会社員としても、今よりももっと明るい未来が描きやすくなると思います。

COO代行のはじまり

少し私のお話をさせていただきます。お伝えした通り、私は〝COO代行〟と名乗り、現在15～20社の支援を1人で同時に行っています。これまで130社以上を支援してきました。そのうち3社は株式上場も経験しています。「個人プロ」という立ち位置で、2024年現在の売上は年間1億2000万円ほどですので、国内でもトップクラスの支援業プロフェッショナルの一人だと自負しています。

こんなことを言えば「きっと高学歴でMBAなども取得し、有名大企業で長年活躍してきたエリート中のエリートで、誰も真似できない天才のなせる技なのだろう」と思うかもしれません。

ところが、社会人として働きはじめた20年前の私は地方大学出身で、同じく地方の名もない中小企業に勤める年収300万円台の普通の、いやむしろ普通以下の負け組営業マンでした。わずか4人しかいない同期の中で最低の評価をもらったこともあります。スキルアップに勤しむこともなく、日常的に読んでいるのはビジネス書ではなく『週刊少年ジャンプ』。毎日ダラダラと出社して、適当に時間を潰して退社するような、そんなどうしようもない人間でした。

そんな私も、さすがに30歳を目前に迎えた頃には「本当にこのままでいいのだろうか。この程度で終わるのだろうか……」と徐々に焦りはじめ、そこからうまい話に飛びついていろいろやりはじめたら、まぐれ当たりでネットビジネスで成功し、起業のきっかけを掴みます。ところが、元々大したスキルもない状態での起業でしたから、そんなに都合よく奇跡が続くわけもなく、数年で破産寸前まで追い込まれてしまいました。

このままではまずい……と心を入れ替えた私は「好き嫌いせず、とにかくどんな仕事でも受けてしまおう」という方向に舵を切ります。正直、何か狙いや戦略があったわけではなく、余裕がなかったというのが本音ですが、この「なんでも受けてしまおう」という姿勢が私のその先の人生を決定づけました。

経験があるデジタルマーケティングや営業の分野だけでなく、やったこともない採用や人材育成、チームビルディング、システム開発、収支管理、キャッシュフロー改善など、「相談されたらとりあえずやってみます」というスタンスでやみくもに仕事を受けました。しかも業界を限定することなく、支援した会社はIT・不動産・アパレル・物販・クリニック・士業事務所・学習塾・人材紹介・広告代理店・福祉介護……など多岐に渡ります。

結論から言えば、これこそが〝COO代行〟に行き着く道でした。

そこから15年、試行錯誤して勉強しながら業務の範囲を広げていった結果、**当初は年収300万だったダメ営業マンが最終的には年商8000万円を超えるCOO代行へと進化を遂げたのです。**

COO代行には誰でもなれる!

ここまでの文章を読んで「そんなことできるわけない!」と引かれた方も多いと思

います。もちろんすべてが順風満帆だったわけではありません。案件を引き受けたものの、まったく成果が出ず大失敗したこともありますし、提案の仕方を間違えて割に合わない量の実務を引き受け、夜中まで仕事せざるを得なくなったこともあります。
しかし、そんな試行錯誤の末、多くの失敗の結果、COO代行になるための共通するノウハウを見つけたのです。「実はCOO代行は誰にでもできることでは？」と気づいたのです。本書では、このCOO代行になるためのスキルとマインドセットを改めて整理・体系化し、公開していきます。

簡単にまとめると、COO代行になるための方法は3つです。

●スペシャリストではなくジェネラリストを目指す
●6大基本能力を磨いて圧倒的なビジネス戦闘力を身につける
●COO代行としてのマインドセットを行う

この本は、私が15年間試行錯誤して独自に編み出し、体系化してきた、自身のパフォーマンスを最大化する知識や訓練法をすべて詰め込んだ、世界初のCOO代行実践書です。『ドラゴンボール』でたとえると、サイヤ人がスーパーサイヤ人に変身するための秘伝の書です（本書では私が愛読してきた『週刊少年ジャンプ』の作品がいくつもたとえとして登場します。少しでも身近に感じてもらえれば幸いです・笑）。

では、ここから門外不出の秘密を語っていくとしましょう。

新しいチャレンジをしたり、これまでの自分のやり方を改めたりするのは勇気のいることですが、これもまた孫悟空の「ワクワクするぞっ!!」という気持ちで楽しみながら乗り越えていってもらえるとうれしいです。

ぜひすべてを身につけて覚醒し、圧倒的なビジネス戦闘力を誇る最強のジェネラリスト＝ＣＯＯ代行に変身してください！

目次

第1章 COO代行という働き方

第2章 COO代行になるために①
目指すはジェネラリスト

第3章 圧倒的なビジネス戦闘力を身につけろ！

COO代行になるために②

第4章 COO代行になるために③ COO代行のマインドセット

第5章　ますます広がるCOO代行の可能性

第1章

COO代行という働き方

COOとは経営全体を見渡すジェネラリスト

あらためてお伝えすると、COO（Chief Operating Officer：最高執行責任者）とは、経営者の右腕として、ビジネスに関わるほぼすべての領域の実行を推進する責任者のことです。**いわば経営全体を見渡すジェネラリストと言えます。**

具体的には、まず経営者の持っている経営理念やビジョンなどを事業戦略・事業計画に落とし込むところから始まります。そこから事業戦略に合わせて組織戦略を考え、必要な人員を採用するための採用計画、あるいはすでにいる人員を鍛えて上に持ってくるための育成計画を立て、人事部や各部門の部門長とすり合わせます。

さらに、その事業計画が資金力的に問題ないか管理部と話し合って収支計画を作成したり、資金的に無理がありそうなら事業計画を見直し、出資や融資が必要なら経営者を巻き込みつつ動かしたりします。

その傍ら、事業部の各部門長ともやりとりをします。

事業計画に必要なリード（今後成約が見込まれる顧客のこと）などの先行ＫＰＩ（Key Performance Indicator：重要業績評価指標）を収支計画にある広告予算を使ってどうやって実現するか、などの問題についてマーケティング部門と協議します。そしてマーケティング部門が獲得したリードをどれだけ商談や成約に持ち込んで売上を立てるのか、などについて営業部門とも話し合いをします。

さらに、マーケティング部門や営業部門が円滑に活動できるよう、市場で競合優位性の高い商品・サービスをどう作っていくのか（既存サービスならどうやってより強化するのか）をプロダクト部門と検討します。

また、導入支援などを手掛けるカスタマーサクセス部門があるような事業なら、受注後の顧客に対してのサポートやフォローの体制を設計してＬＴＶ（Life Time Value：顧客生涯価値）を高める活動も推進します。

あるいは、各部門がより効率的に業務に集中できるよう、かつ現場の活動状況やＫＰＩなどの数値状況が上層部から可視化できるよう、情報システム部門と最適な社内業務システムについて協議する場を設ける場合もあります。

このように、あらゆる分野に対して働きかける**会社全体のエンジンの核のような動きをする役割をCOOと呼びます。**

「COO」の役割

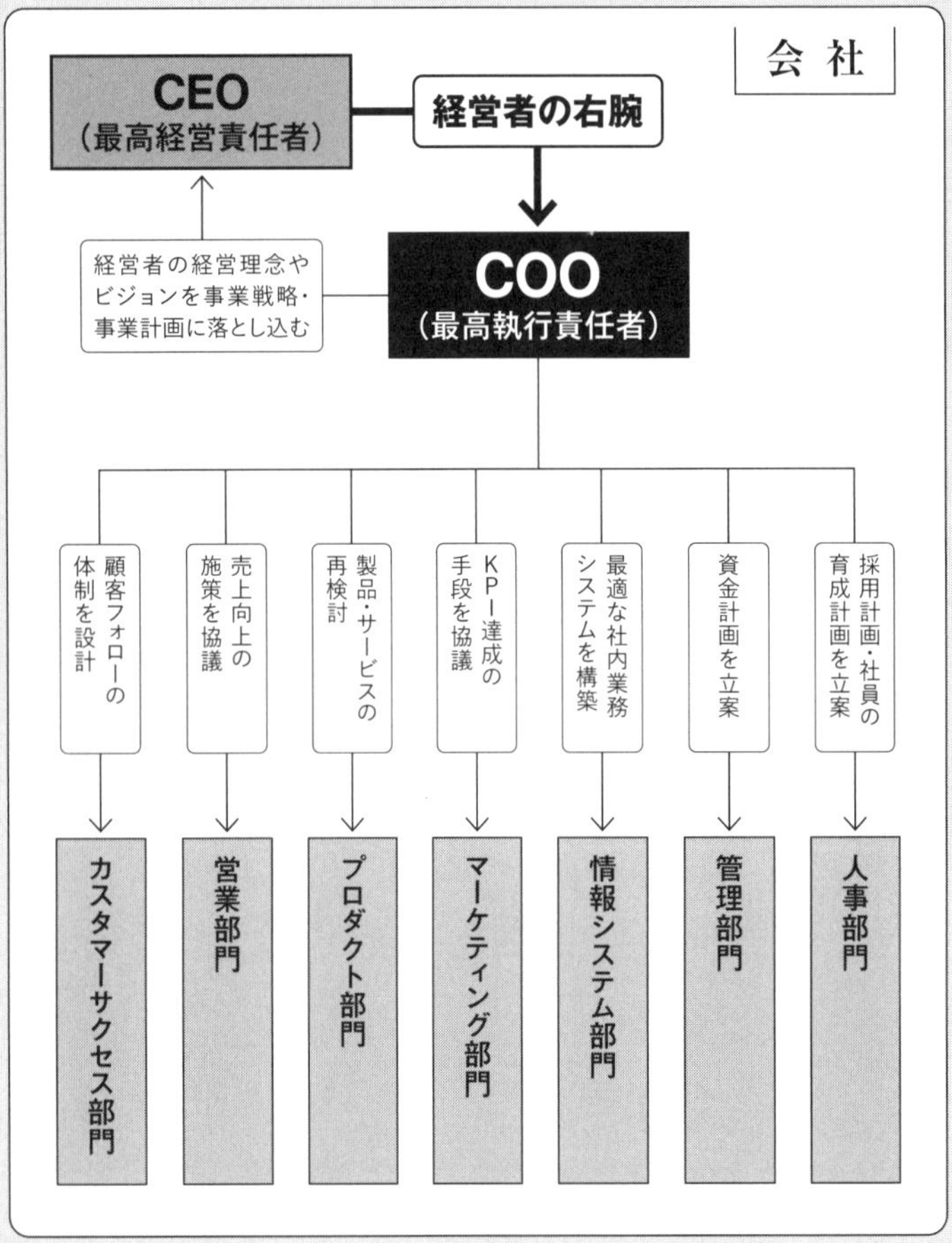
会社
CEO
（最高経営責任者）
経営者の右腕
経営者の経営理念やビジョンを事業戦略・事業計画に落とし込む
COO
（最高執行責任者）
顧客フォローの体制を設計
売上向上の施策を協議
製品・サービスの再検討
KPI達成の手段を協議
最適な社内業務システムを構築
資金計画を立案
採用計画・社員の育成計画を立案
カスタマーサクセス部門
営業部門
プロダクト部門
マーケティング部門
情報システム部門
管理部門
人事部門

COOとは

社内のあらゆる分野に働きかける
会社全体のエンジンの核

COO代行が求められる背景

会社が大きくなるにつれて、徐々に財務を中心に対応するCFO（Chief Financial Officer：最高財務責任者）や、組織戦略から採用・育成を対応するCHRO（Chief Human Resource Officer：最高人事責任者）、技術系の会社なら自社の技術・プロダクト向上を担うCTO（Chief Technology Officer：最高技術責任者）などの役割を担う人材がジョインしてきますが、序盤戦ではそのような役員クラスの人材は社内にいないため、右腕であるCOOがほぼすべてを兼任しているケースが少なくありません。また、地方の中小企業などは、ほとんどの場合そのCOO人材すらおらず、一応取締役が何人かはいるものの、実質は経営者がそのままをCOO含めすべてを担っているケースも珍しくありません。

なぜそのようなことが起きるのでしょうか？

答えは簡単。お伝えした通り、**COOに求められるのは幅広い知識と対応力、いわゆる総合力**です。CFOやCHRO、CTOは、それぞれの分野に精通したスペシャリストですが、COOに求められる資質はいわばジェネラリスト。そんな総合的スキルを保有する人材（あるいは将来なりえる候補人材）は、報酬が少なく、不安定なベンチャー企業や中小企業にはジョインしません。彼らは優秀であるがゆえ、リスクを取るなら起業するか、最初から高い報酬が用意されている大手有名企業に入社します。資金調達した上でIPO（Initial Public Offering：新規上場）を目指すベンチャー企業は例外ですが、そんな企業が事業の革新性やストックオプションを持って勧誘しても、序盤戦ではなかなか優秀な役員クラスの人材を獲得できないというのが実態です。

「それなら経営者がCOOを担えばいいのでは？」と思われるかもしれませんが、実は**起業して経営者になっているのは、ジェネラリストではなく、何かしら一点が突き抜けた天才型、つまりスペシャリストが多い**のです（もちろんバランスのいい経営者も存在しますが割合としては少なめです）。なので、COO人材がいない場合はスペシャリストタイプの経営者が、無理やりCOO的役割を担っているパターンがとても多く存在します。

その結果、マーケティングはいいけど営業が下手なので取りこぼしが多く効率が悪かったり、目先の売上は抜群だけどプロダクトやサービスがボロボロでLTVが高まらなかったり、事業戦略はいいのに組織戦略が全然だめなのでリソース問題で一進一退を繰り返したり……経営者のせっかくの強みも、経営に必要ないくつかの要素が欠けているせいで伸び悩むというベンチャー・中小企業が山のようにあります。

「COO代行」に求められる資質

COO（最高執行責任者）

＝ **経営全体を見渡すのが仕事**

・事業計画の作成
・採用計画の作成
・資金計画の作成
・マーケティング計画の作成
・営業部門のすり合わせ
・顧客サポートの設計
・社内システムの構築
・各事業部長との話し合い

など……

つまり会社運営に関するすべての業務

↓

求められる資質は

ジェネラリスト

CFO（最高財務責任者）＝ **財務のプロ**

CHRO（最高人事責任者）＝ **人事のプロ**

CTO（最高技術責任者）＝ **技術のプロ**

↓

求められる資質は

スペシャリスト

スペシャリストでは埋められない穴

「社内にいないならコンサルのような外部のプロ人材を雇ったらいいのでは？」とも思われるかもしれません。

では、この企業を支援するプロ人材について考えてみましょう。ここで候補に挙がるのは、独立系のコンサルタントやマーケター、研修講師、コーチ、士業（税理士、社労士、行政書士、中小企業診断士など）といった職業の方々です。このような方々が創業期のベンチャーや地方中小企業のCOOを担って支えればいいのではないか、と考えるかもしれませんが、そこにもミスマッチがあります。実は多くの**〝支援プロ〟は何かしらの分野に専門特化しているスペシャリストで、ジェネラリストではない**のです。

たとえば、起業して最初に付き合いが始まりやすい税理士。経営に慣れていない経営者には税理士を頼りにする方も少なくありませんが、税理士は税務・財務には精通しているものの、事業そのものには詳しくない方が多いようです。領収書や請求書、法人口座の入出金情報からPL（Profit and Loss Statement：損益計算書）を作成し、一般的な企業の相場と照らし合わせて販管費が多い少ない、商品原価率が高い低いなどというアドバイスぐらいまではできますが、事業モデルの根幹を理解していないので、そこから紐解いて精度の高い収支の未来予測や最適な事業計画まではアドバイスできない場合がほとんどです。しかも、事業モデルが多様化している現代において、一般的な企業相場からのアドバイスはあまり参考にならず、下手に鵜呑みにすると経営が苦しくなる場合もあります。

ではマーケティングコンサルタントに依頼したらどうでしょう。マーケティングコンサルタントは、マーケティング戦略を立ててホームページなどを改善し、リスティング広告やSNS広告などの効果的な媒体で広告出稿することによって、集客や売上を拡大することが可能です。ただし、それ以外の分野、たとえば組織戦略などには詳しくないため、せっかくのリードや商談が無駄になったり、売上は上がっているのに業務効率が悪いため利益は少なかったり、業務が過酷になりすぎて人が辞めてしまったり……という事態に陥ることがあります。

それではMBA（Master of Business Administration：経営学修士）などを取得して、総合的に経営ノウハウを学んでいる経営コンサルタントはどうでしょうか。これは人によるのですが、全般的なアドバイスはできるものの、机上の空論になってしまっているコンサルタントも少なくありません。年配のコンサルタントなどは、評論家のように正論をそのまま述べるだけで役に立たないケースもあります。また、ＩＱ（Intelligence Quotient：知能指数）的アプローチに寄り過ぎていて現場の感情を無視したり、泥臭い根回しをやらなかったりして周りから反発を買い、組織がむしろ硬直化する場合もあります。ＥＱ（Emotional Intelligence Quotient：心の知能指数）的アプローチが不足しているのです。

どうして「COO代行」が求められるのか？

経営者……スペシャリスト気質が多い

外部支援者……

・コンサルタント
・マーケター
・研修講師
・コーチ
・税理士
・社労士
・行政書士
・中小企業診断士

など……

スペシャリストばかり

↓

「部分最適」ばかりで
会社の「**全体最適**」を
考えられる人がいない

↓

COO代行が必要

COO代行の働き方の一例

ではCOO代行の仕事内容を具体的に理解いただくために、ここでは世界初のCOO代行である私が、日々どんな働き方をしているかご紹介しましょう。

現在私はCOO代行として常時15〜20社を支援しています。スタイルとしては**オンライン会議を中心に、会社によって月1回〜週1回という形で各種会議に参加**させていただいています。

典型的な1日としては、まず、午前中に教育事業を手がけているA社の経営会議に参加します。会議の中で事業面の課題整理と対策の進捗管理を行います。また、採用や育成といった組織面の課題も整理し、部分的には該当セクションの部長などにも出席してもらい指示を出します。案件の状況によって違いますが、だいたい2時間ぐらいを目安に会議を行います。

午後からはネット通販を手がけているB社の事業推進会議に出席します。こちらの会社はある程度組織がしっかりしているので、事業面にウエイトを置いた会議を行います。マーケティング・集客について、先週指示した対策が進んでいるか確認し、営業活動についても各営業マンがKPIを達成しているかなどをチェックします。あわせて、プロダクト部門にも開発状況を確認します。

続いて、金融ベンチャーであるC社の経営戦略会議に出席します。C社は事業は非常にうまくいっているのですが組織が追いついていないので、どういう部門構成にして、どういうポジションに人を配置するかを話し合います。また、優秀な人材を外から連れてくるため、リファラル採用（自社社員に知人や友人を紹介してもらう採用手法）候補一覧を作成し、候補者にSNS経由で誘いをかけたか、一度食事に行ったかなどの進捗を役員に確認します。

夕方からはIPOを目指すITベンチャー・D社の懇親会に出席します。その会社の主要メンバーと食事をしながら、プライベートや将来の夢なども含めて理解を進め、関係性を深めていきます。場合によっては社長不在の2次会に参加し、社長がいる前では言えなかった本音を幹部から聞き出します。そうした泥臭い行為が、その後の会社拡大の大きなきっかけになることもあるのが企業支援の面白いところです。

このように、私の場合、1日の中でさまざまな業界の事業や組織、人間関係を取り扱います。そして、**各社でうまくいったこと、失敗したことを他の会社の支援に横展**

開していきます。そうすることで私自身に数倍のスピードで事例と知見が蓄積され、仕事をすればするほどビジネス戦闘力がぐんぐん上がっていくという構図になります。仕事をする上で成長することは喜びと言われることが多いですが、まさにその**成長の喜びを常に味わい続けられる職業、それがCOO代行**といっても過言ではないかもしれません。

最後に改めて整理しましょう。

企業にはCOOが必要です。それを経営者が担っているパターンが大半ですが、それにも限界があります。なので外部に委託するのがベターですが、外部の支援者はスペシャリストがほとんどで、COOに最も必要な資質である総合力を持った人材がほぼいないというのが現状です。

私はスペシャリストにはCOO代行はできないと断言します。COOを代行できるのは総合力を持った人材＝ジェネラリストだけです。

さらに言わせてください。

一点が突き抜けた天才型であるスペシャリストに対して、どんな業務もそこそこなせるジェネラリストは地味で〝中途半端〟な印象があるかもしれません。後述しますが、メディアもその有用性を喧伝するので、あたかもスペシャリストこそが世の中を牛耳っているように感じる方も多いのではないでしょうか。しかし、新しい時代を作っていくのは、ジェネラリストです。そして、ジェネラリストは実はとても希少です。「自分は何でも中途半端だな」と悲観している個人プロや会社員の方にその事実を知ってほしい、自分たちには大きな価値があるんだということを私はもっと理解してほしいのです。

次章では、そんな半端者（ジェネラリスト）の特性についてもっと詳しく解説していきます。

第 2 章

COO代行になるために①

目指すは
ジェネラリスト

なぜみんなスペシャリストを目指すのか？

ＣＯＯ代行は、持ちうる能力を駆使して多岐に渡る業務をこなし、複数の分野に渡る知識を組み合わせて問題解決を図り経営を支える、いわゆる〝ジェネラリスト〟です。この章ではジェネラリストの有用性について具体的に示していきます。

ジェネラリストが足りていないことは触れましたが、なぜスペシャリスト型の支援プロが多いのか、なぜ多くの人は最初からスペシャリストを目指すのか――。

ほとんどのビジネスパーソンに言えますが、生き残るためには専門特化しろと謳う書籍やメディアが多いため、大半の人は「とにかく技術を身につけないと」と考え、専門家になろうとします。税理士や弁護士、コーチなどの資格取得が人気なのもこの心理的背景がそうさせていると言えるかもしれません。さらにその奥の心理として、**「いろんなことを全部やれるようになるなんて無理！」という思い込み**があります。

実際、「スペシャリストになる」という差別化戦略によって、「この人は何をやる人なのか」が明確になり、仕事のとっかかりを作りやすいです。また、専門に特化しているので、やればやるほど業務効率も上がり、利益を得やすいという面もあります。

独立してある程度稼げるまで持っていくのが目的なら、スペシャリスト化はそれを高い確率で実現してくれる戦略だと思います。

スペシャリストがぶち当たる壁

ところが、ひとつの分野で専門性を身につけて実績を作り、その経験を活かしてさらに上位の仕事を取ろうとした時、スペシャリストは次の壁にぶち当たります。

- ひとつの分野だけずっとやり続けるのはどうしても飽きてしまう（一部の職人気質を持つ人以外は徐々に辛くなる）
- 同じ分野の専門家が多いため、その中での差別化が難しい

●専門家であるため部分的な仕事しかできず、なかなか経営の中核に踏み込めない
●部分的な仕事のため作業的業務が多く、単価が上げにくい上、場合によっては短期間で契約終了となってしまう
●支援先の課題が多岐に渡る場合、専門分野以外に手が出せないため、なかなか成功させにくい（そしてほとんどの中小企業の課題は常に多岐に渡っている）

このように、**ひとつの分野で差別化して一点突破するやり方では、高い仕事単価や長期契約を実現したり、顧客企業の将来的な成功を約束することは難しい**と言えます。

私が主催する「COO代行養成講座」は、このような専門特化した支援プロの方が多く受講されていますが、同じような悩みを持つ方がほとんどです。それを打破したくて受講を決意されています。

●ジェネラリスト型の人材を求めているがなかなか手に入らない中小企業
●一方で頭打ちに悩んでいるスペシャリスト型の外部支援プロ

というギャップが双方に生まれているのです。

スペシャリストのメリット・デメリット

メリット

- 「何をやる人か」が明確なので仕事をとりやすい
- 専門分野に特化しているので、やればやるほど業務効率があがる
- 手に職があるという安心感

デメリット

- ひとつの分野をやり続けるのは飽きる
- 同じ分野の専門家が多いため、差別化しづらい
- 専門的であるがゆえパーツの仕事しかできず、経営の中核に踏み込めない。単価も上げにくい
- 中小企業ではひとつの強みに特化しすぎたスペシャリストは使いにくい

本当に
そうだろうか??

←

「いろんなことを
全部やるなんて
絶対無理!
（だから専門特化）」
という思い込み

本当にスペシャリストが有利なのか？

お伝えした通り、スペシャリストのメリットとしては、専門性を身につけることで仕事のとっかかりを作りやすい、地道に同じことをやることで効率化が可能といったところが挙げられます。

ところが、この「ずっとスペシャリストの枠から出ない」という選択が大きな頭打ちを生みます。実は企業からすると、特に中小企業の場合、**ひとつの強みに特化しすぎたスペシャリストは使い勝手がよくありません**。私自身、過去130社以上を支援する中で、次のような専門家を数多く見てきました。

- リード（見込み顧客）が取れればなんでもOKの詐欺気質マーケター
- デザインがきれいならCVRなんて考えない頑固Webデザイナー
- 目先の受注のことしか考えない迷惑営業コンサルタント

- 人とまともに話せないコミュ障気味のエンジニア
- 管理することが目的化している業務コンサルタント
- 事業のことをまるでわかっておらずPL（Profit and Loss Statement：損益計算書）やBS（Balance Sheet：貸借対照表）だけを見て正論を言う税理士
- コスト無視で採用と人材育成に没頭する情熱人事コンサルタント

もちろん、右記はわかりやすくするために極端に書いた例ですし、各分野の専門家は場面によって必要ですが、**偏りすぎた専門家は特に中小企業にとって使い勝手が悪い存在になりやすいものです。**過去に大きな失敗をしたせいで外部の支援プロを毛嫌いしている経営者も少なくありません。

また、前述した「いろんなことを全部やれるようになるなんて無理！」という思い込みですが、本当にそうでしょうか。レベルの違いはあれ、人手不足のベンチャーや中小企業で活躍する人材は、実はジェネラリスト的に仕事をしている場合が多くあります。

社長に求められるがまま、食わず嫌いせず、未経験でも営業やマーケをかじったり、プロダクトにも関わったりした人材は、事業部長的なポジションに就きやすいものです。また、もともと経理を担当していたのに採用や総務もやらざるを得なかった人材は、そのまま管理部長になったりします。さらにその両方がわかると子会社の社長に抜擢されたりします。

本人たちは自分の価値をあまり認識しておらず、「何の専門性もない何でも屋さんですよ」と自身を揶揄したりしますが、実際には企業にとってとても重要で貴重な人材です。そうした人物を見ていると、彼らは最初から高学歴で優秀なエリートだったわけではなく、どちらかというと**現場叩き上げで、好き嫌いせずやらざるを得ない職場環境が、結果としてそのような人材を作り上げていった**というパターンの方が多いようです。

私自身もそうですが、彼らのような現場叩き上げの才能を見ていると、「全部やれるようになるなんて無理!」という考えがいかに思い込みであるかよくわかります。

会社全体を見渡せるのはジェネラリスト

いきなり質問ですが、多くの企業において業績が伸びない、あるいは伸び悩むのは何が原因だと思いますか？

私が１３０社以上の面談をして行き着いた解答、それは次の通りです。

●企業の強みが見つかっていないか、活かされていない

●組織のどこかにボトルネック（弱点）がある

私が主に支援する中小企業においてこれは顕著です。もちろん両方が同時に存在するケースもあります。ですので対策としては「一番強いところを見つけて最大化する」「ボトルネック（弱点）を見つけて課題を解消する」をやっていきます。

一見すると当たり前のことを言っていると思われるかもしれませんが、**現実的にはこの当たり前のことができていない中小企業が大多数です。なぜなら社内に会社全体**

を見渡せるジェネラリストが存在しないからです。

企業というのは単純化すると図1のような構造の「戦略」「戦術」「手段」によって構成されています。最上位には経営戦略があり、その下に事業戦略や組織戦略が紐づいていて、さらにその下に営業戦略やマーケ戦略、あるいはプロダクト戦略、採用戦略……とブレイクダウンしていきます。

この図では上位にくるほど効果が大きくなります。手段を変えるより戦術を変える方が効果が大きいですし、戦術より戦略を見直した方が効果が大きくなります。もちろん上位をいじるほど失敗した時のダメージも大きいですが、テスト的に少しずつやっていけば、あ

■図1. 単純化した企業の戦略構造

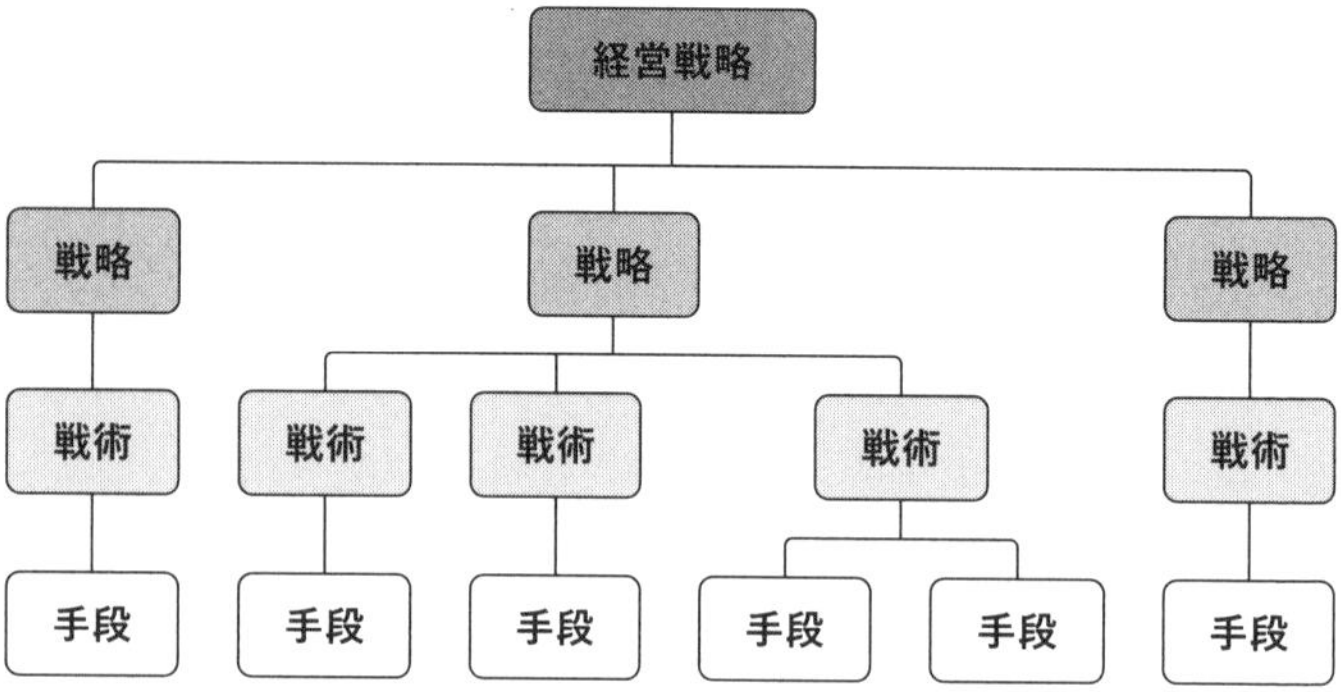

る程度打率を高めることは可能です。

通常ですと、この企業の全体図を見渡せるのは経営者か経営幹部の一部だけです。中小企業の場合、幹部クラスの実力者はそれほど多くいないので、経営者が全体を見渡して、強みや弱みを見つける役目を担います。

ところが、第1章でもお話したように、経営者は一芸に秀でたスペシャリストタイプが多く、ジェネラリストタイプはあまりいません。何かの才能に突き抜けていて起業するケースが多いので、自然とそうなります。たとえば、営業力が突き抜けているので営業系の会社を作る、という感じです。

さらに、順調に会社が発展し、組織規模がそれなりに大きくなってくると、経営者は現場から離れ、ますます得意分野以外の状況が見えなくなります。結果、企業の全体像が今どうなっているのか、すべての構成を把握している人が誰もいなくなるのです。

ここにジェネラリストの有用性が存在します。

ジェネラリストは全体を知っているからこそ、この構成の中にある上位戦略の穴に気づけます。全体を見渡して、その企業の強みやボトルネックをいち早く見つけられます。

ボトルネックはどこにある？

わかりやすく説明するため、ここで事例をひとつ紹介しましょう。例として用いるのは、私が15年前に支援していたＩＴベンチャー企業のＢtoＣ向けインターネット事業の運営についてです。私が支援に入る前は次のような状態でした。

●月額５００円の有料会員が主な収入
●サイト全体に２００万以上のアクセス（数）があるのに収益が全然伸びない。月額５００円の会員がなかなか増えない
●ＳＥＯ対策（検索において自社ホームページが上位に表示されるようにする仕組み）、導線改善、事業提携、新規事業立ち上げなどいろいろやっているが毎月数百万円の赤字が続く

それまで同社は、会員を増やすためにＳＥＯ対策を行ってさらにアクセスを集めよ

うとしたり、サイトからLP（ランディングページ：最初に着地するWebページ）への導線を増やしたりするなど、さまざまな手を打ってきました。私が話を聞いた時点ではやれることはすべてやったのに結果が伴わず、もはやどうしていいかわからないという状態でした。

私が真っ先に思ったのは「200万アクセスもあって収益化できないわけがない。何か見落としがあるはずだ」ということです。一通り経営者や現場からヒアリングを行い、データを見せてもらって全体を見渡した結果、ボトルネックが見つかりました。問題は有料会員登録用のLPにありました。

他社に比べて質の高いアクセスが集まっているのに、わずか500円の会員がほとんど増えていないのです。彼らが見落としていたのはLPでした。LPだけがイマイチな内容で、その結果CVR（Conversion Rate：顧客転換率。Webサイト訪問者のうち、購入や問い合わせなど、そのサイトの最終成果に至った件数の割合）も他社に比べて明らかに低いものでした。

そこで、早速LPを改善したところ、毎日の有料会員登録が8～10倍に伸び、あっという間に黒字になりました。それをきっかけに営業や組織や採用も見直し、企業全体を強化することで、5年後にはマザーズ上場を果たしました。もしLPというボトルネックを発見できていなかったら、あと1年程度で倒産していたかもしれません。

ベンチャーや中小企業ではこのようなケースは非常に多くあります。他にも、事業戦略は素晴らしいのに組織戦略がチグハグだったり、プロダクトは素晴らしいのに営業戦略だけがおかしかったりと、いろんなケースを見てきました。しかし、企業内部にいる人は、灯台下暗しで自社の弱点になかなか気づけないものです。このような**ラストワンマイルを打破する施策というのは、企業外部にいるジェネラリストだけが気づける**ものです。

というのも、**スペシャリストの場合は、どうしても自分の得意分野に対しての対策をやろうとします**。業績浮上を実現するという名目で、SEO対策会社であればSEO強化を提案しますし、営業コンサルタントだと営業強化を提案します。人事コンサルタントであれば組織戦略改善などを提案してきます。

ほとんどのスペシャリストは、その会社の全体を見渡して、真っ先に手をつけるべきポイントを明示してくれません。スペシャリストが見ているのは自らの専門分野であり、彼らが改善できるのはそこだけです。その結果、本当に必要な改善策が手遅れになってしまうということが往々にして発生します。

スペシャリストより ジェネラリストになる方が簡単

では、それほど有用性の高いジェネラリストは、どうしてこれほど希少なのでしょう。

それにはいくつかの理由が考えられます。

「ジェネラリストになるのは難しい」

「いろんな分野を極めるのは無理がある」

まず、ほとんどの方はこう思っています。だからこそ独立する場合、多くの方が資格を取るなど、何かに特化して仕事を始めます。かくいう私も、起業当初はマーケティングコンサルタントでデビューしました。もちろん序盤戦においてはそのやり方の方が仕事を取りやすいという面があるのでいいのですが、より難易度が高く、単価の高い案件を取ろうとすると少しずつ苦しくなっていきます。

というのも、単価の高い案件を取るため、ほとんどの方が自らの専門性を高めようと努力してしまいます。すでに80点近く取っている分野をさらに高めようとするわけですから大変です。しかも80点から90点に高めても、周りから見れば同じ分野の中での微妙な変化なのでなかなか差別化につながりません。

そもそも本当にジェネラリストになるのは難しいのでしょうか？

もちろん私の答えはＮＯです。むしろジェネラリストになる方が簡単です。

「でも、ジェネラリストだといろんな分野を極めなきゃいけませんよね？　ひとつの分野すら極めるのが大変なのに無理がありませんか？」

そんなふうに思っていませんか？

実は、それそのものが思い込みなのです。どういう思い込みかというと、**「80点以上取らないとプロを名乗ってはダメ」という思い込みです。真面目な人ほどこの思い込みを強く持っています。**

なので、ジェネラリストと聞くと〝すべての分野で80点以上を取る化け物〟を思い浮かべてしまうのです。そしてとても無理だと諦めてしまうのです。

私は「80点以上取らないとプロを名乗ってはダメ」とは考えません。**ジェネラリストは、対応範囲の広さ、全体を見渡して適切な優先順位を見極められるのが強み**です。

ですから「**ひとつひとつの分野は50点でいい。なんだったら30点でもいい**」と考えます。

ジェネラリストは「100回やったら100回勝つ」

さて、ここでひとつ質問です。

みなさんも経験がおありの大学受験、あるいは高校受験を思い出してください。仮に合格ラインが5教科で合計200点だったとして、

●得意な理科と数学で各100点を取って、残り3教科は0点という戦略
●得意な理科と数学で各70点を取って、残り3教科で合計60点という戦略

どちらの戦略がより簡単でしょうか？　よほど特殊なケースは除いて、明らかに後者ではありませんか？

なぜなら、すでに70点取れている教科で100点を取るより、全然やっていない教科を勉強して30点取る方がはるかに簡単だからです。図にすると次のようになります。

■図2. テストの難易度と点数の関係

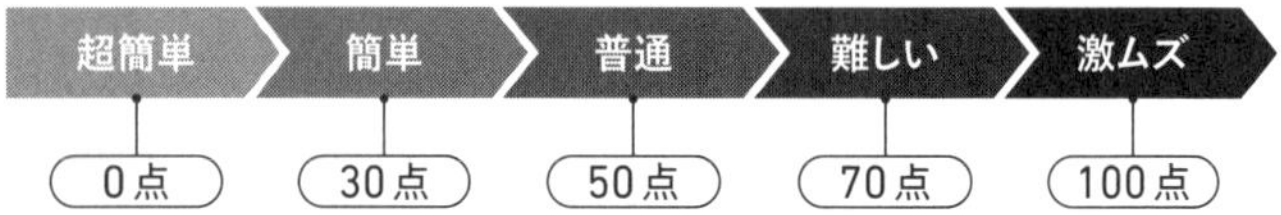
超簡単
簡単
普通
難しい
激ムズ
0点
30点
50点
70点
100点

さらに、大学受験と違って、ビジネスの現場では教科数が多数あります。

たとえば、とある凄腕マーケターとジェネラリストである私を数値化すると図3のような感じでしょうか。

各項目で50点しか取っていないのに、合計得点はマーケターの3倍になります。競合も多いマーケティングという分野で100点を取るのと、多様な分野で30～50点ずつ取って総合力で勝負するのと、どっちの難易度が高いでしょうか。もちろんその人の個性にもよると思います。ひとつの分野を極めるのが得意な職人気質の方もいます。ところが、多くの方はそこまでこだわりの職人気質は持っておらず、どちらかというとやり過ぎれば飽きるのが人間です。

実は、特に優秀な人材が少ない**中小企業においては、この総合得点がそのままバリュー（価値）につながります**。なぜなら総合得点がそのまま成功率へとつながるからです。

これも先に例を挙げたマーケターとジェネラリストで説明す

るとわかりやすくなります。

凄腕マーケターは、企業を成功させるために、マーケティングで他社を圧倒する必要がありますが、逆に言うとそこで突き抜けられなければ負けてしまいます。また、その企業のボトルネックがマーケティング以外にある場合、効果は限定的です。そもそもマーケティング以前に事業戦略が間違っているかもしれません。成功メソッドがマーケティングに一点集中だと、他社に真似されやすいというデメリットもあります。

一方、ジェネラリストは多面

■図3. とある凄腕マーケターと筆者の数値化例

	凄腕マーケター	筆者（ジェネラリスト）
事業戦略	30点	50点
組織戦略	0点	50点
マーケティング	100点	50点
営業	20点	50点
プロダクト	20点	50点
システム開発（DX）	0点	50点
採用	0点	50点
チームビルディング	0点	50点
人材育成	0点	50点
PL/BS	0点	50点
予実管理・KPI管理	30点	50点
業務設計	0点	50点
合計点	**200点**	**600点**

的に課題に取り組みます。マーケティング強化ももちろんやりますが、その後の営業強化や業務改善、プロダクトそのものの改善も行います。それらを実施するための組織体制も強化します。

お笑い芸人でいえば、一発芸で当てる芸人と、巧みな基本トーク力で魅せる芸人（たとえば松本人志さんや明石家さんまさん）のどっちが成功確率が高いかという話です。後者は一発芸もコントも漫才も司会業もこなせます。一時的な爆発力では一発芸芸人が勝つ場合があるかもしれませんが、10年単位での成功率でいえば確実に後者ではないでしょうか。まして**企業経営なら市場変化にあわせて20～30年勝ち続けなければならない**のです。

こちらも事例を示しましょう。

私がCOO代行として伴走した山形県のとある中小製造業の会社の話です。この会社は、支援開始時点では可もなく不可もなくという平凡な中小企業でしたが、支援して5年が経過した今は、コロナ禍によるダメージをものともせず、売上は創業40年で過去最高を更新。売上規模は12億程度にもかかわらず、利益は2億円を突破しました。

私はこの企業に何をしたと思いますか？　答えは次の通りです。

●ちゃんと定例会議を設置。情報を共有し課題対策を徹底させる
●ちゃんと業務分析をして業務効率化を図る
●ちゃんと営業管理をやる。SFA（Sales Force Automation：営業支援システム。営業活動の内容をデータ化して蓄積・分析できるシステム）も導入する
●ちゃんと人員育成計画を立て、実行させる
●ちゃんと採用計画を立て、実行させる
●ちゃんと過去の数値分析を行う
●ちゃんと部門別目標を作らせて、コミットさせる
●ちゃんと評価制度運用を実施させる

ひとつひとつは当たり前のことですが、それらを地道に徹底させました。結果5年で以前とは別物の筋肉質な企業に生まれ変わりました。

このように、**中長期的に確実に成功するには、多面的取り組みができる方が圧倒的に有利**です。

「奇をてらわず王道で常に勝つ」
「100回やったら100回勝つ」

これがジェネラリスト、COO代行の信条です。

ジェネラリストが強い理由

大事なのは「総合力」で勝つこと

- 得意分野を伸ばすより、苦手分野に進出した方が効率的に「総合力」は向上する
- 結局、中長期的に利益を上げる手法は「多面的な凡事徹底の取り組み」

↓

【ジェネラリスト、COO代行の信条】

奇をてらわず王道で常に勝つ

100回やったら100回勝つ

自分に合ったジェネラリストタイプの見つけ方

ジェネラリストになるのは思ったよりも簡単そうだし、企業を成功させるための有用性が高いこともわかった。でもそんな広範囲な能力を身につけるにはどこから手をつければいいのか……次に出てくる疑問はそんなところでしょうか。

実は一言にジェネラリストといってもいろんなタイプがあります。

これを説明するのに一番わかりやすいのは、漫画『HUNTER×HUNTER（ハンター×ハンター）』に出てくる特殊な修行のシーンです。この漫画は、主人公たちが〝念能力〟という特殊能力で戦う王道バトル漫画なのですが、〝念能力〟には6つの系統があり、それぞれ特徴が違います。人によってどの系統が得意かは異なっており、**自分の得意な系統を中心に、その系統に近い能力は習得しやすく、逆に離れた能力は習得しづらい**という設定になっています。

この能力の関係を表した図が漫画の中に登場するのですが、それをビジネススキル

■図4. さまざまなビジネススキル相関図

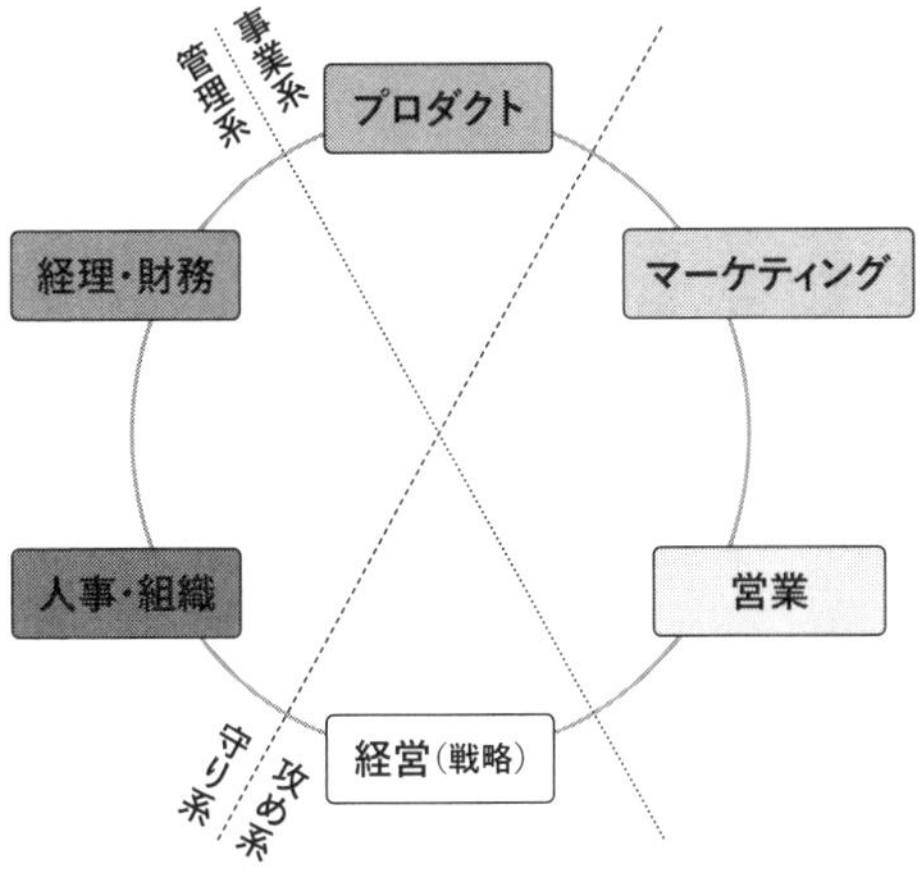

に置き換えるとしたら図4のようなイメージでしょうか。

これは私の創作なので、参考イメージですが、たとえば「マーケティング」が得意な能力者は両隣の「営業」や「プロダクト」も身につけやすいが、対局にある「人事」や「経理」は苦手という構図です。

さらに、この漫画で主人公たちの師匠的な存在である「ビスケ」という登場人物が言うセリフが、自分に適したジェネラリスト像を考える上でとても役立ちます。これは漫画内のセリフを引用させていただきます。

自分の系統だけを修行してもいいんだけど　それだとどうしても応用のきかない使い手になってしまうし効率もよくない　理想は山型！　自分の系統を中心に　そのとなりの系統も鍛える（特質は別だけど）　その時間の山のことよ　実はバランス良く他の系統の修行もやると自系統の覚えも早くなるの

富樫義博 HUNTER×HUNTER 15巻

これを図にすると下のようになります。

つまり、すべてを高レベルで習得する必要はなく、**自分の得意なスキルや系統を中心に、相性がいいところを高めつつ、苦手な分野も最低限学習する**——というイメージです。漫画と違って、実際のビジネススキルは複雑で、何の要素が隣り合

■図5. 理想的なビジネススキルの鍛え方

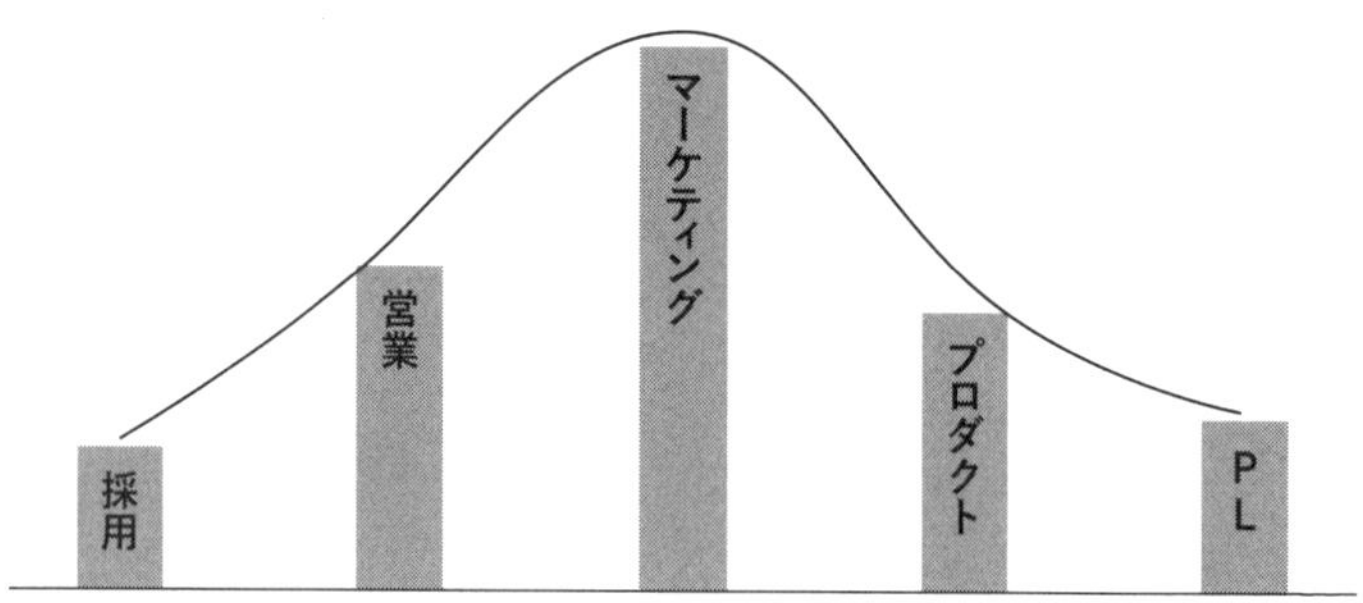

わせなのかといった問題や、系統的なものが2つある場合も存在します。そのあたりに関してはうまく工夫する必要がありますが、大枠のイメージとしてこのように捉えておけば、もともとあった「すべての系統を80%まで高めないといけない！」という半ば無理ゲーのような強迫観念はだいぶ払拭できますし、取り組み方の方向性が見えてくるのではないでしょうか。

具体的なマルチスキルの身につけ方

ここまでの話で、すでに勘のいい方は自分なりのジェネラリスト像のイメージや、何をやっていったらいいかがうっすら見えはじめているのではないかと思います。ここではもっと具体的なお話として、ジェネラリストが備えておくべき「マルチスキル」を身につけるための方法をお伝えします。

まず、ここまでお伝えしたように、ジェネラリストはすべての分野で高得点を取る

■図6. マルチスキルの身につけ方

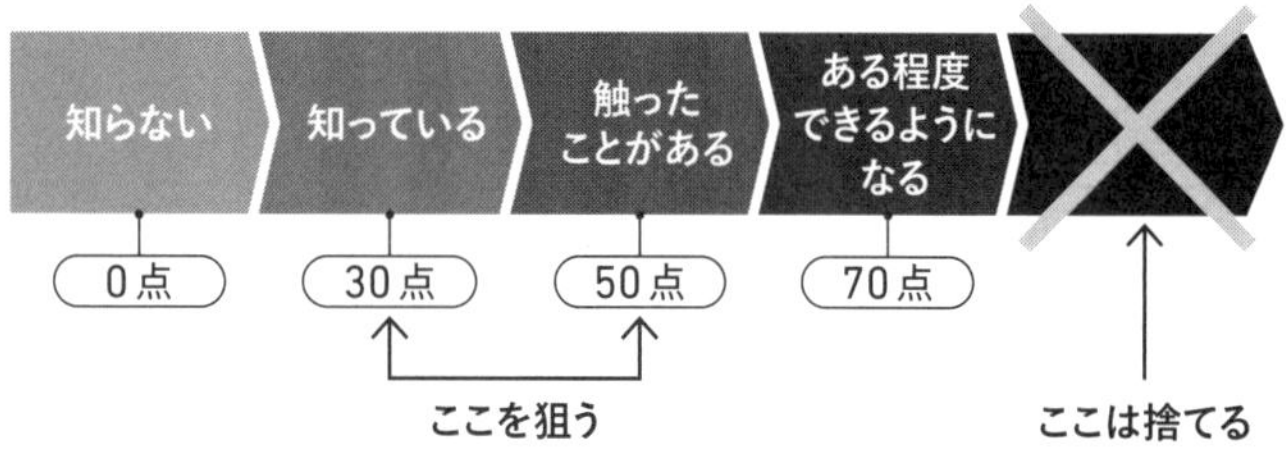
知らない
知っている
触った
ことがある
ある程度
できるように
なる
0点
30点
50点
70点
ここを狙う
ここは捨てる

必要はありません。ということは、裏を返せば**「いかに素早く30～50点を取るか」**ということが成功のキーになります。

では素早く30～50点を取るのに最も効果的な方法は何でしょうか？

それは**「まずさっさと知る。まずさっさと触る」**ことです。

上記の図をご覧ください。

ほとんどの方は専門外ということで蓋をして、多くの分野を0点のまま放置しています。たとえば、人事コンサルタントならSEO対策について言葉ぐらいしか知らないし、エンジニアだとコーチングの初歩スキルすら知らない、税理士は組織構築の基本すら知らない……という感じです。

これは非常にもったいない話です。インターネットで検索して、ざっと1時間勉強するだけでも、30点はすぐ取れますし、0点よりは100倍価値が上がります。

前述した漫画『HUNTER×HUNTER』のビスケの言葉の通り、**他の系統もバランスよく修行すると自系統**

の覚えもよくなります。

システムシンキングという言葉をご存じでしょうか？　システムシンキングとは、複雑な問題を解決するためのアプローチで、単一の要素だけでなく、複雑に絡み合ったさまざまな要素の全体像や相互作用を理解し、それらをひとつのシステムと捉えて、解決策を多面的に考える思考法です。結局のところ、システムシンキング的に見ればすべての要素はつながっているので、他の分野を知るだけでも現状理解や施策の精度は高まりますし、同時にクライアントからの信頼も高まります。

「自分の専門以外も幅広く知っている人」という印象を与えた時のクライアントの安心感は、想像以上の効果を発揮します。逆に「この人、専門分野以外は無頓着だなぁ。全然知らないなぁ」と思われた時のクライアントからの信頼度低下も同じです。

専門家として視野狭窄に陥っていると、知らず知らずのうちにクライアントの信頼を損なっているかもしれない、という認識は、プロとして最低限持っておいた方がいいでしょう（もちろんケースバイケースで、相手によっては下手に聞きかじった知識をひけらかすと逆効果という場面もあるので注意が必要です）。

さらに**「さっさと失敗する」**のも重要です。特に真面目な方に多いのですが、じっくり勉強してからクライアントに話すとなると、学習効果が高まりません。そうではなくて、勉強したらすぐに実践すること。**じっくり勉強して1回実践するよりも、サクッと勉強して、すぐ実践して失敗を3回繰り返した方がはるかに学習効果は高まります**（図7）。

ですので**「巧《こう》遅《ち》拙《せっ》速《そく》」**は絶対です。これについても私の過去の取り組み方を紹介しておきます。

私が最初にこの取り組みを行ったのは24歳の時です。当時は地方のシステム開発会社に勤めており、システム受託開発営業にも少しずつ慣れ、別の分野の仕事もやってみたいと思っていた矢先、クライアントからホームページ制作の相談が舞い込みました。

せっかくの相談なので良い提案をしたいと思い、書店に行ってSEO対策の本を見つけました。当時はまだSEO対策について知っている方は少なく、地方都市だったこともあり、周りの営業やエンジニアに聞いても「何それ？」という状態でした。

■図7. 学習効果を高める高速PDCA

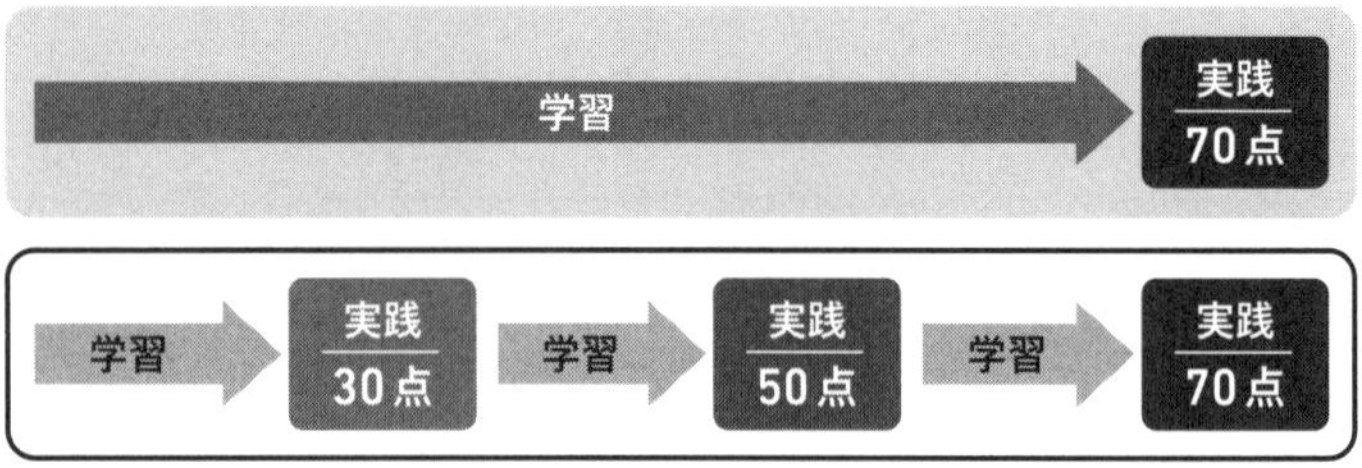

1回で70点出すよりも、3回やって、30点→50点→70点と上げるほうが簡単

私はその本を買い、数日でざっと読んで、いきなりクライアントへの提案書に盛り込みました。そして1週間後には客先で「私は国内でもまだ数少ないSEOの専門家で――」と言ってプレゼンを行いました。案件はなんと見事に受注。

受注してしまったからにはやらざるを得ません。社内で唯一SEOに関心を持っていたエンジニアに協力してもらってSEO対策を施したホームページを作成、そして納品しました。まだほとんど誰もSEO対策をやっていない時代でしたから、このホームページは効果を発揮し、クライアントに大絶賛されました。

もし私が真面目に、数年かけてSEO対策を勉強した後にクライアントに提案していたら、その頃には競合も増えてここまでうまくはいかなかったでしょう。この時の経験は、**「とにかくまずはやってみる」ことの価値**を感じた良い事例となりました。

それ以外にも、情報販売やアフィリエイトを使って稼ぐ個人事業主がメルマガを発行していると聞いた数日後には、私はメルマガスタンドで新規メルマガの創刊手続きをし、1ヶ月後には数千名の読者を抱えるメルマガ作家になっていました。支援先企業からチームビルディングをやりたいと相談された時は、組織コンサルティング会社に勤める友人に根掘り葉掘り聞いて、1週間後には一度もやったことがないワークショップのファシリテーションを行っていました。

もちろん、これだけすぐに実践すると失敗する場面も数多くありますが、**失敗には必ず原因があり、次にトライする時の糧になります**。またもや漫画のたとえになりますが、漫画『ドラゴンボール』に出てくる戦闘民族サイヤ人が「死にかけるとより強い状態になって復活する」という設定と似ていますね。

ひとつひとつは何も難しいことはありません。多くの人が抱えている無駄な〝思い込み〟を外せば、実は簡単な取り組みのはずです。地方大学出身で、頑張っても偏差値50ほどしかとれなかった私にできて、あなたにできないはずがありません。

すぐに知りましょう。
すぐに触りましょう。
すぐに失敗しましょう。

それを愚直に数年やり続けたら、まるで『ドラゴンボール』に出てくる「精神と時の部屋」で修行した後のように、あっという間にあなたのビジネス戦闘力は格段に高まっていることでしょう。

マルチスキルの身につけ方

**素早く30~50点を取るために
取り組む具体的手段**

- 知らない分野をネット検索で1時間ほど勉強する（できるだけ今の仕事に関わるもの）
- もう少し深めたいなら、その分野の本を1冊だけまず読む
- さっさと実践して失敗——これを最低3回、短期間に繰り返す

⬇

すぐに知りましょう。

すぐに触りましょう。

すぐに失敗しましょう。

第3章

COO代行になるために②

圧倒的なビジネス戦闘力を身につけろ!

〝ビジネス戦闘力〟を急成長させるための基本

ここまでCOO代行にはジェネラリストであることが必要であるとお伝えしてきました。ただ、このジェネラリストスキルというのは、土台である基本能力〝ビジネス戦闘力〟がないと機能しません。

COO代行（ジェネラリスト）の根幹にはこのビジネス戦闘力が必要で、言い換えれば、COO代行とは本書のタイトルにある通り、最強のビジネス戦闘力を持つ職業といえます。

この章では、そんなビジネス戦闘力の高め方についてお話をさせていただきます。

基本を理解する上で、私が小学校低学年だった時のエピソードがわかりやすいのでお話しさせてください。

正月にやる凧揚げをご存じでしょうか？　みなさんも小学生ぐらいの時は公園などの広い場所でお父さんと一緒にやっていませんでしたか？　私も小学校の頃は父親と

よく凧揚げに行っていました。そして、なぜかその時のワンシーンを今でも鮮明に覚えています。

ある年の正月休み、私は買ってもらった凧を持って父親と一緒に公園に行きました。ワクワクしながら凧を取り出して糸を手に持って公園を走りました。ところが小学生の私はそもそも基本的な凧の揚げ方を知らなかったので、どんなに走り回っても一向に凧は揚がりません。

見かねた父親が「貸してみろ」と言って私から凧を取り上げ、あっという間に揚げてくれました。そして「ここから凧揚げを楽しみなさい」という感じで、空高く揚がった凧の糸を私に渡してくれました。

普通の小学生だと素直に喜び、「ありがとう、パパ」とでも言ってその後凧揚げを楽しむものでしょう。しかし私は違いました。自力で揚げていない凧など全然面白くなく、せっかく父親が揚げてくれた凧をすぐさま引きずり下ろしました。そして困惑する父親をキッと睨みつけ、「自分でやる!」とまたゼロから凧揚げにチャレンジしたのです。

さらに父親の揚げ方を真似するのは面白くないので、あくまで自分なりの揚げ方にこだわりました。途中父親が何度も自分のやり方でやるのを薦めてきましたが、ガンとして言うことを聞かず、試行錯誤しながら何度も何度も失敗し続けました。はっきり覚えていませんが、1時間近く全然揚がらなかったと思います。それでも諦めずにチャレンジし続けていると、やっと凧が自分なりのやり方で揚がりました。その時の達成感たるや……。

その時に私は、安易に人の出した答えに飛びつくのではなく、自分で考え抜いて自分なりの正解を見つけ、達成することの大切さを学んだ気がします。学んだと言いますか、正確に言うと幼い私の心に刻まれた教訓となりました。今でもこのシーンは感情と共に思い出せますし、今の私を形作っている強力なエピソードだと思います。

話は変わって、同じように有名な書籍を読んだり高額な講義を受けた人でも、途中で脱落してしまう人と10年後も活躍する人に分かれます。この二者は一体何が違うのでしょう？

私は**「教えを鵜呑みにしているか、教えの本質を捉えているか」**の違いだと思います。多くの方は教えられたことの〝手段〟に着目します。また、教える側も良かれと思って具体的なHow toを教えようとします。そちらの方が喜ばれますし、短期的な成果は出しやすいので自然とそうなります。ちょうど私の父親が凧揚げの場面でそうしたように。

ところが、教えてくれる先生はずっと生徒のそばにいてくれるわけではありません。

また、書籍はあらゆる場面をすべて説明できるわけではありません。なので「鵜呑みにしている人」は少し条件が変わっただけで通用しなくなります。毎回How toを教えてもらわないと迷子になってしまうので、結果途中で離脱してしまい、また次のノウハウに飛びつこうとします。

一方「本質を捉えている人」は違います。手段そのものでなく、**「なぜその手段が有効なのか」**を考えます。そしてその奥にある本質を捉えようとします。考え続けているので思考力が格段に上がりますし、安易に目先の成功ノウハウに飛びつかず、いろんな方法を試すので多くの失敗の中で骨太な実践力が身につきます。そしてその中で気づきを得て本当の本質を掴むので、条件に合わせてアレンジができます（図8）。

■図8. 表層の“手段”と“本質”の構造

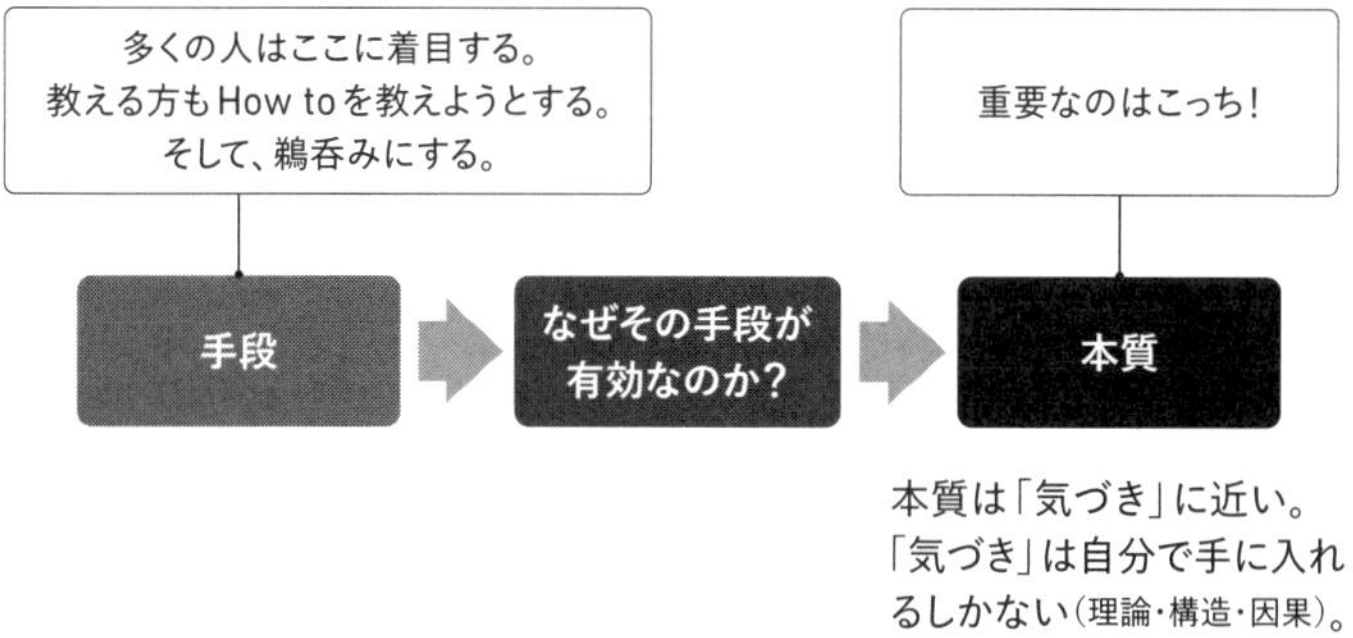
多くの人はここに着目する。
教える方もHow toを教えようとする。
そして、鵜呑みにする。
重要なのはこっち!
手段
なぜその手段が有効なのか?
本質
本質は「気づき」に近い。
「気づき」は自分で手に入れるしかない（理論・構造・因果）。

大量思考＋大量行動が無限の気づきの連鎖を生む

冒頭のビジネス戦闘力を急成長させるための基本中の基本とは、**「どんな手段であっても鵜呑みにせず、自分で考える」**です。そこがないと何を学んでも自分のものにできません。そして本当の意味での気づきや学びになりません。

あなたは毎月、毎週、毎日、ちゃんと〝気づき〟を得ていますか？　もしそうでないとしたら、それは頭を使っていない証拠、行動していない証拠です。

大人気になり、映画化もされた『鬼滅の刃』。この作品は、人智を超えた力を持つ鬼という怪物を、主人公やその仲間たちが厳しい修行の上で倒していくという少年漫画の王道のような内容です。

この漫画の中に「全集中の呼吸」という身体能力を飛躍的に向上させる特殊な呼吸法が出てきます。ただ、この呼吸は使っている最中、非常に苦しいのでほとんどの仲間は一時的にしか使えません。「全集中の呼吸」には上位の技「全集中・常中」というものがあり、これはその呼吸法を24時間ずっと使い続けるという過酷な技です。

主人公は必死の修行の上、やっとの想いでこの過酷な技を身につけるのですが、その時に主人公の師匠のような人物から言われる言葉は、

「これはまぁ基本の技というか初歩的な技術なのでできて当然ですけれども」

というものです。

本気でビジネス戦闘力を上げたいなら、24時間と言わないまでも、起きている間中、休まず考え続け、行動し続けるのは〝できて当然〟の初歩的技術です。この**大量思考＋大量行動こそが無限の気づきの連鎖を実現**します。そして、あり得ない領域の戦闘力へあなたを運んでくれます。

参考までに、私が過去にやった具体的行動例は次の通りです。**とにかく高速でPDCAを回さざるを得ない状況に自分を徹底的に追い込む**のがコツです。

- 超短期スケジュールのプロジェクトをわざと受ける。LP設計、デザイン制作、決済、メルマガ……すべて用意して数日後には販売開始など
- 格安でもいいので10社以上の企業支援を同時並行で行う
- 1日10時間ぶっ続けで隙間なく連続オンライン会議を行う。しかもすべてでファシリテーターを務める

●通常業務とは別に1ヶ月で50件のアポ取りとオンライン面談をこなす

以上が私が最初にお伝えしたい基本中の基本です。一見大変そうに見えるかもしれませんが、大量に思考、大量に行動することであなたのビジネス戦闘力が格段に上がることは保証できます。努力なしに成長することはありません。3年前の自分と戦ったらデコピンで勝てるぐらいまで自分を鍛え上げましょう。

基本能力を高めるとビジネス戦闘力の次元が変わる

ではそのビジネス戦闘力の元となる6大基本能力について解説します。

私が提唱している**基本能力には「聞く力」「考える力」「話す力」「書く力」「読む力」「心の整え方」の6つ**があり、それぞれが支え合い、強化し合う構造になっています。なので、ひとつひとつを高めると相乗効果で1段階次元が違う戦闘力が身につく仕組

ビジネス戦闘力の中身

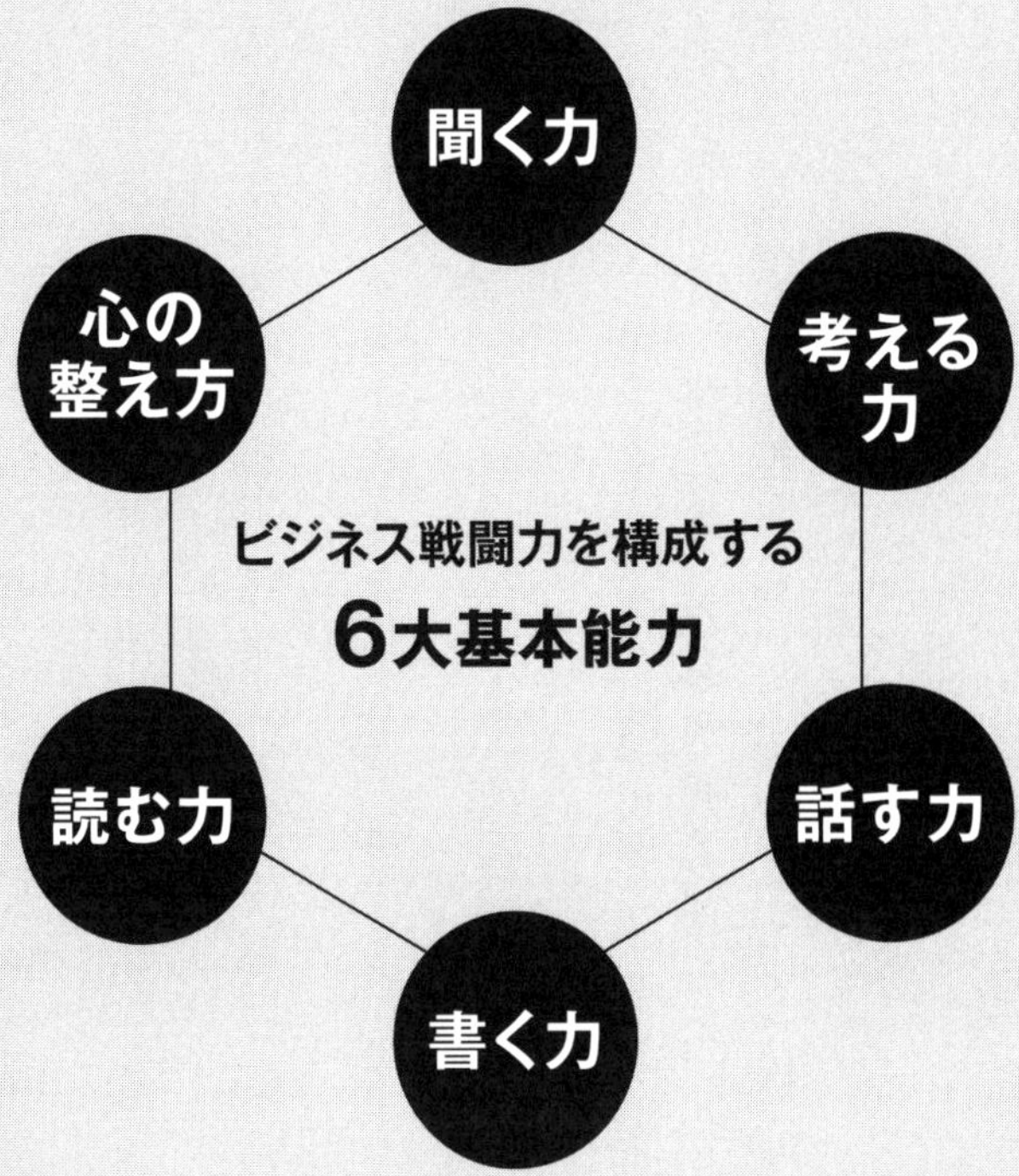

ひとつひとつを高めると
相乗効果で
次元が違う戦闘力が身につく

みになっています。

「今までだってかなり努力してきたのに……これ以上自分が劇的に成長する余地なんてあるのだろうか？」

そんなふうに疑問に思われるかもしれませんが、今からお伝えするのは、多くの人にとって有効な基本能力の大幅強化の視点であり、実践論だと思います。なぜなら、ほとんどの方は自身の専門分野の深掘りを努力していて（＝80点を90点にする努力）、逆に専門外は全然鍛えていない（＝0点を30点にする努力をしていない）ケースが多いからです。

この後に、6つの各基本能力について解説していきますが、まず最初に「聞く力」をお話をするのも、それが特に顕著な分野だからです。

「聞く」という分野で大きくレベルを上げるには、2つの側面を意識する必要があります。**IQ（Intelligence Quotient：知能指数）的な側面とEQ（Emotional Intelligence Quotient：心の知能指数）的な側面**の2つです。わかりやすく説明すると、IQが知能や論理性など、頭の回転の速さに関連するのに対し、EQは感情や共感能力など、コミュニケーション能力に影響します。どちらが欠けても質の高いヒアリングはできないのですが、実際にはIQかEQのどちらかに偏っている支援プロが多いのが実情です。

IQ側に偏っているのは、たとえば外資系コンサルタントやITエンジニアでしょうか。ロジカルに課題を整理したり、数値を分析したりするのは得意ですが、クライアントの気持ちに無頓着な人も少なくありません。これではクライアントに次のような印象を与えてしまって、深い悩みまで話してくれないかもしれません。

- 人間的に信用できなさそう
- こちらの気持ちをわかってくれなさそう
- 人間関係の課題に対応できなさそう

EQ側に偏っているのはコーチやカウンセラーです。相手の気持ちに共感したり、傾聴したりするのは得意ですが、逆にビジネスリテラシーが高くないので、事業戦略や組織戦略などを踏まえた質問は苦手です。そうなるとクライアントに次のような印象を与え、事業的な相談はしてくれないかもしれません。

- ビジネス的には頼りなさそう
- 戦略や戦術をわかってくれなさそう
- 事業系の課題に対応できなさそう

「聞く力」の2つの側面

	IQ 知能指数	EQ 心の知能指数
領域	知能や論理性など 頭のよさを測る	感情や共感能力など コミュニケーション能力を 測る
重宝される 職種	・外資系コンサルタント ・ITエンジニア	・コーチ ・カウンセラー
得意	ロジカルに課題を整理したり数値を分析したりすること	相手の気持ちに共感したり 傾聴したりすること
苦手	クライアントの気持ちには 無頓着	事業戦略や組織戦略など を踏まえた質問
クライアント の不安	・人間的に信用できなさそう ・こちらの気持ちをわかってくれなさそう ・人間関係の課題に対応できなさそう	・ビジネス的には頼りなさそう ・戦略や戦術をわかってくれなさそう ・事業系の課題に対応できなさそう

双方を併せ持つことが大事

質の高いヒアリングにはIQとEQの両方が必要

たとえば「私はITコンサルタントだから感情面の課題は関係ない」あるいは「私はメンタルコーチだから事業面の課題は関係ない」と考える方もいるでしょう。しかし、実際には人間は論理だけでも感情だけでも動いていません。個人としても組織としても、両方の側面が複雑に絡み合って課題が発生しています。**本当に高い次元で問題を解決しようと思ったら、どんな分野の専門家であれ、少なからず両方の課題を取り扱わざるを得ないはず**です。

これはみなさんにも身に覚えのある話ではないでしょうか。私が主催している「COO代行養成講座」でも、この話題にハッ！　として受講を決意された方が少なくありません。

得意なことや長所を伸ばすことは大事です。ただ、我々プロはそれ以上にバランスが大事で、どんなことでも一点に偏りすぎると顧客に提供するバリュー（価値）に頭打ちがきます。なので「長所を伸ばす」のと同じぐらい「欠点をカバーする」「最低限は鍛える」というのを大事にしたほうが良いのです。

ですので、たとえば**プロとして質の高いヒアリングをしたいのなら、ＩＱとＥＱの両方を高める必要**があります。そしてすでに何かしらの専門プロとして何年も経験している場合は、むしろ**自分が得意ではない分野を伸ばす方が効果が高くなります**。なぜならこの2つは相乗効果をもたらすからです。

数字で書くとこんなイメージです。

●ＩＱ的聞く力「10」×ＥＱ的聞く力「2」＝総合的聞く力「20」
●ＩＱ的聞く力「2」×ＥＱ的聞く力「8」＝総合的聞く力「16」
●ＩＱ的聞く力「7」×ＥＱ的聞く力「7」＝総合的聞く力「49」

いかがですか？　両方を高めた人は片方だけの人よりも聞く力が数倍になります。急激にビジネス戦闘力が高くなるという理屈が少しは理解していただけたでしょうか。

さらにこれに他の分野が関わるとこうなります。

●**聞く力**×**考える力**×**話す力**×**書く力**×**読む力**×**心の整え方**

＝**総合的ビジネス戦闘力**

まるで漫画『ドラゴンボール』に出てくる「フュージョン」のようですね。フュージョンとは2人の戦士が合体することで戦闘力が数十倍に跳ね上がる必殺技のこと。しかしこれはジョークではなく、あなたにはあなた自身が想像できないぐらいの次元が違う大きな力が眠っていることを意味しています。

それでは先ほど紹介した6つの基本能力のうち、「聞く力」についてさらに具体的に解説していきましょう。

「聞く力」——高次元ヒアリングの実践【IQ編】

もし「採用で困っています」とクライアントに言われたらあなたは何を聞きますか?

この質問をした時に大体返ってくる回答としては、

- ●どんな職種を何人ぐらい採用したいのですか？
- ●時期はいつくらいでお考えですか？
- ●年収など採用条件はどれくらいですか？

という感じです。特にこのような分野を専門に取り扱う採用コンサルタントや採用媒体の営業マンはそうですし、それ以外の分野の方もこう質問されたら同様のヒアリングを進めてしまいます。

しかし本当のところ、採用を成功させることがこのクライアントの問題を解決する最善の方法なのでしょうか？　答えはズバリ「今の段階では何もわからない」です。企業から相談を持ち掛けられた場合、目の前の表出している課題にだけ着目して多面的な影響を考えていないため、むしろ相談内容そのものの解決が最適ではない場合が少なくありません。にもかかわらず、多くの方はほとんど条件反射的に「採用で困っているのだから採用の話を聞かなきゃ……」と考えてしまいます。

このような表面的なヒアリングに走ってしまうと、次のようなことが起こります。

●そもそも難易度の高い取り組みなので目の前の課題すら解決できない（例：かなり特殊な職種を無理な条件で採用しようとしてしまい応募そのものが来ない）
●別の課題が発生してしまう（例：採用しても育成できないので退職を招く）
●目の前の採用課題を解決しても、一番大事な業績が良くならない
●仕事依頼を受けても、あくまでセクションのパーツとしてしか活動できない（例：採用支援のみで事業戦略や経営レベルの高単価な上位契約は受注できない）

では表面的なヒアリングではなく、IQ的に高いヒアリングとはどのようなものでしょうか？

下のような図を見るとわかりやすいかもしれません。

こちらは戦略の階層構造を極めて単純化したも

■図9. 単純化した戦略の階層構造

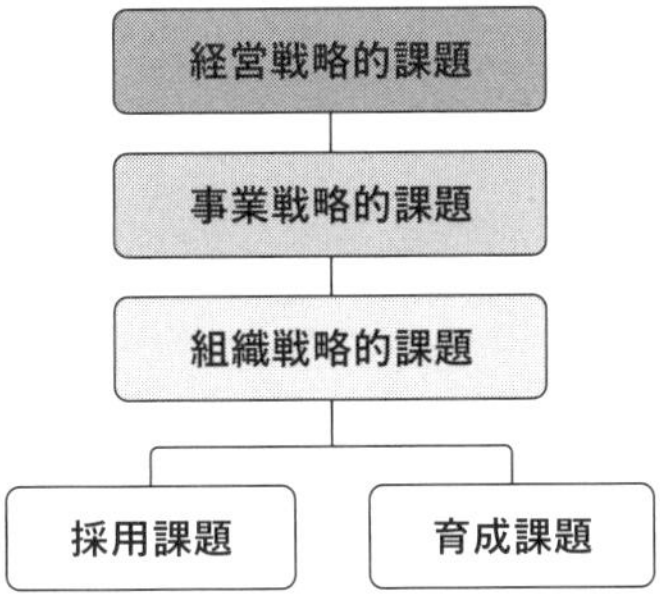

のですが、これを知っておくだけでもヒアリングの幅は広がります。

たとえば、クライアントは採用に着目していますが育成はどうでしょう？　そこには課題はないのでしょうか？　そして、もし課題が存在するなら採用を行うよりももっと確実な解決策はないのでしょうか？

もしかしたら「社内に育成ができる人がいないから最初からできる人を中途で採りたい」という話が裏に隠れているかもしれません。もしそうなら外部の先生に来てもらって何ヶ月間か指導してもらえば、徐々に今の社内のメンバーでも対応できるようになるかもしれません。そうすると採用条件は未経験でもいいので、採用自体の幅が広がります。

ひとつ上の組織戦略的な視点で見た場合はどうでしょうか？　ひとつの部門に限定して考えたら外部から新規採用するしかありませんが、他の部門から人員を異動させればなんとかなるかもしれません。そして、異動によって人員を持っていかれた部門の方が外部からの採用は簡単かもしれません。

実例を挙げましょう。

私が以前支援していた地方の中小企業はかなり特殊な技術を取り扱っていたので、その技術を使った設計人材が不足しており、設計部門がリソース不足に陥っていました。

採用しようにもそんな設計技術を持った人は市場にほとんどいません。そこで、私は設計図に従って製造を担当している製造部門に着目しました。製造部門は設計部門に比べて人数が多く、未経験でもスタートできることから採用もしやすい状態でした。しかも製造部門の人材は長年設計図を見ているので、この業界の特殊な薬品や製造手法についての知識もあります。

私は製造部門の中堅を設計部門に異動させ、製造部門に未経験の若手を採用することにしました。数年後、2~3名しかいなかった設計部門は倍以上の7~8名体制になり、その会社の売上は大きく躍進しました。

こうした方法以外にも、各部門の業務範囲を変更したり、業務のやり方を改善したりすることで、採用に頼らなくても課題を解決する手段は無数にあります。

では、さらに上の事業戦略的な視点ではどうでしょうか?

「組織は戦略に従う」という有名な格言があります。これは米国の経営史学者であったアルフレッド・チャンドラーの言葉で、どのような戦略をとるかで必要な組織は変わるということを意味します。

事業戦略を見つめ直すことで組織の課題が解決することはよくあります。「自社のポジショニングは本当に最適なのか?」という視点から事業戦略を見直すことで、採用急務と思われていた人員が実は不要だったという話になることも起こります。そもそも採用が必要なのは、思っていた部署ではなく別の部署かもしれません。あるいは必要なのは採用ではなくＤＸかもしれません。

ＩＱ的ヒアリングの具体的プロセス

ＩＱ的なヒアリング能力を高めるには、このような上位戦略の課題を深く掘っていくことや、「採用」という単一の視点ではなく、「マーケティング」や「営業」や「プロダクト・サービス」「育成」「組織編成」など、横に広がる多面的な視点も含めて質問することが求められます。また、その会社だけでなく「市場」や「競合」といった点にも着目する必要があるでしょう。

ＩＱ的ヒアリングの具体的な実践例は次のようになります。

1. まずはクライアントの気になっている課題からヒアリングをスタートする

先ほどの例で言えば、最初は採用課題の話からヒアリングしていきます。ただ、そこをいきなり深く掘るのではなく、そこから派生して周辺の気になっている課題についても探っていきます。

2. 「フレームワーク」や「3C分析」などをヒントにしながら視野を広げてヒアリングを行う

次ページのフレームワーク（図10）も参考に、採用以外の分野についてもクライアントの課題感に紐づけてヒアリングしていきます。その採用課題の根っこにある組織戦略的課題はなんなのか？　その上位にあたる事業戦略にはどんな課題があるのか？　さらに自社（Company）だけでなく市場（Customer）や競合（Competitor）にも視野を広げた「3C分析」を用いるなどしてヒアリングを深めます。

3. 多面的に課題や手段を見つけていく

ヒアリング内容を元に、課題を解決する手段を多面的に探っていきます。採用強化だけでなく、育成強化や部署異動によるカバー、事業戦略・ポジショニング

■図10. ヒアリングの際のフレームワーク例

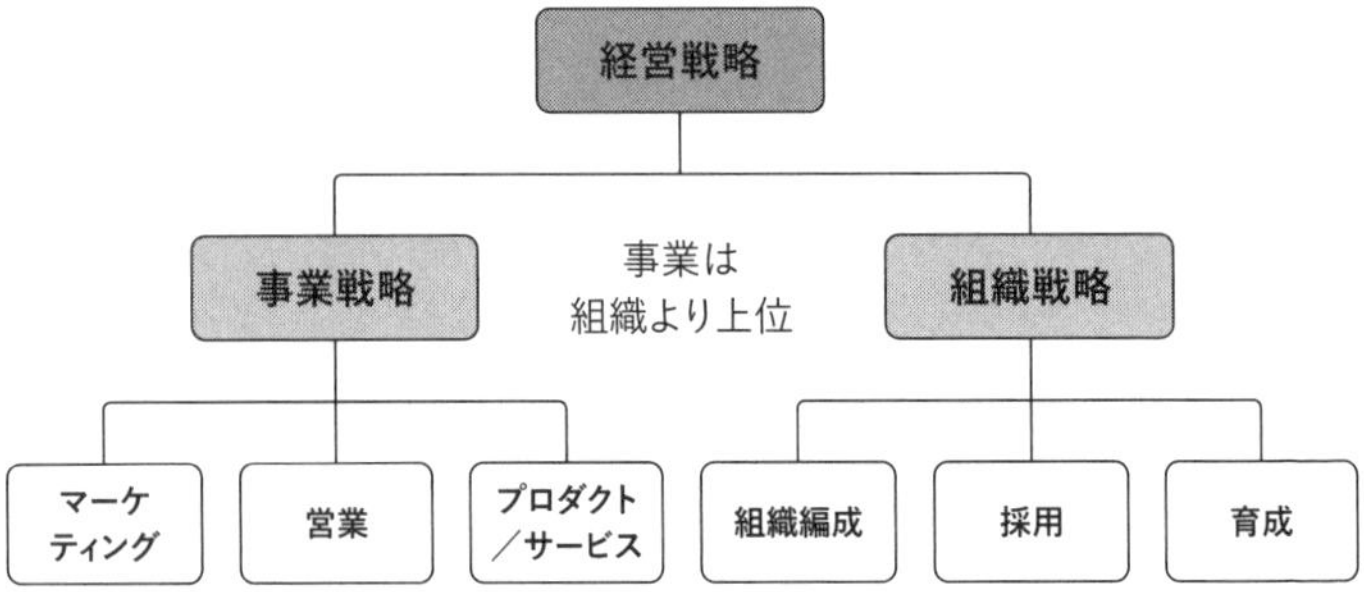

の見直し、マーケティングや営業のやり方を変えることで現有戦力でも業績を伸ばせるようにする……など、採用だけに頼らず、多面的にあらゆる対策をすることで成功確率を高めていきます。

「聞く力」——高次元ヒアリングの実践【EQ編】

そもそも、ＩＱ的な面だけでなく、なぜＥＱ的なヒアリングが必要なのでしょう?「ビジネスなのだから、ロジカルに課題だけ解決したらそれでいいのではないか?」と考える方もいるでしょう。しかしそのアプローチだけでは課題は解決しません。特に会社組織としてそれなりの人数がいる場合、ＩＱのみで課題を解決しようとするとかなりの苦戦を強いられます（そもそもＥＱ的側面を考えずに解決しようとすること自体「ＩＱが低い」と言わざるを得ませんが……）。

なぜなら**人間は「論理」だけで動いているのではなく、経営者ですら根っこには「感情」がある**からです。どんなに素晴らしい対策案も、従業員がそれを「やりたい」「やってみよう」と思わなければ実際はほとんど進みません。なので経営者や組織を動かして問題解決を実現するには「人心掌握」や「合意形成」を外すことはできません。

そして、**「人心掌握」や「合意形成」を実現するには、人間の感情・心を深く知る必**

要があります。これがＥＱ的ヒアリングが必要な理由です。

では具体的にどのようにしたらＥＱ的ヒアリング能力が高まるのか考えていきましょう。

さて、あなたが誰かにヒアリングをする場合、言葉以外の情報からも相手のことを読み取ったり感じたりすることができます。具体的にどんなものがあるでしょう？　少し考えてみてください。

この質問をしてまず出てくるのは「表情」や「声色」です。「目は口ほどに物を言う」というように、笑顔で語っているけど目が笑っていない場合、つまり表面上は賛成しているように見えるけど面従腹背というのが表情から読み取れる場合もあるでしょう。声色が弱々しい時は不安を、声にハリがあるなら決意や賛同を表しているかもしれません。

直接言葉にはしないけど、文脈などから読み取れる「本音」や、その人の主張から察知できるその人なりの「常識・信念」もあるでしょう。

もちろん「感情」は重要です。「表情」や「声色」から読み取れるケースもありますが、難題を抱えている経営者はわかりやすい感情を表に出さない場合もあります。ですので、我々のようなプロは表層的には見えない微細な違和感を感じ取って、隠された感情を見抜く必要があります。ここまでくると、その人の発する「波動」というか「心音」のメロディのようなものもヒアリングする必要があるかもしれません。

さらに、本当に深いヒアリングをするには、心理学者のユングが提唱する「無意識」領域のメッセージにアクセスすることも考えなければいけません。その人すら気づいていない本心が無意識の中に隠れている場合があります。このあたりになるともはや今の科学では解明できない（あるいは解明が進んでいるが一般化していない）領域の話になります。

ただし、私はここでオカルト的な話をしたいわけではなく、重要なのは**言葉だけを聞くヒアリングとは全体のうちの薄皮一枚程度に過ぎない**という点です。まずは「自分はもしかしたらこれまで極めて表層的なヒアリングしかできていなかったのではないか？」と疑ってみるところからEQ的ヒアリングの上達がはじまります。

■図11. EQ的な「聞く」の種類

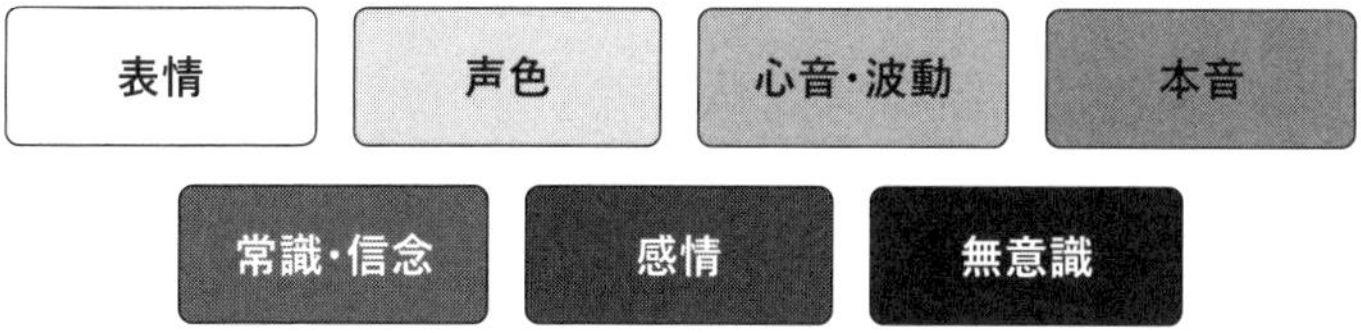

EQ的ヒアリングの具体的プロセス

このEQ的ヒアリングは、IQ的ヒアリングと同時に行うので、具体的な実践例としては次のようになります。

1. IQ的なヒアリングをしつつ、相手のEQ的な要素にも注意を払う

相手が発している言葉だけでなく、「表情」や「声色」、そこから読み取れる「感情」といった部分にも注意を払ってヒアリングを行います。複数の人がヒアリングに参加している場合は、一人一人のEQ的要素を常時捉えながらIQ的ヒアリングを実施していきます。

2. 違和感を感じ取ったらEQ的な質問も織り交ぜていく

表情が曇ったり、わずかな憤りが混じっている時などは、裏に隠れた本当の意見が浮上している場合があります。その場合はIQ的ヒアリングだけでなく、傾

聴の姿勢を大事にしながら「少し不安になられているように見えますが、他にも大きな問題がありますか?」「もしかして仕事以外の部分に課題があったりしますか?」といった投げかけを行い、相手の本音を探ります。プライベートの話や言いにくい自分の感情についての話を始めたらEQ的ヒアリングが進んでいる証拠と思って良いでしょう。

3.EQ的な部分も大事にして対策を考える

論理的に解決策を導くだけでなく、「この人は本当はどうしたいのか?」「どうなるとうれしいのか?」といった面も考慮しながら対策を進めます。たとえば、相談内容が「事業を拡大したい」というものであっても「自分の納得のいくサービス品質を担保できなければ心情的に気持ちが悪い」という経営者の場合は、拡大スピードよりも納得いくサービス品質の担保を優先するといった具合です。

さて、ここまでIQとEQの両面における「聞く」を紹介してきましたが、自分の「聞く」に足りない部分は見つかったでしょうか。もしそうならそれはチャンスです。ぜひIQ的ヒアリングとEQ的ヒアリングをバランスよく高めて、今までと次元の違うヒアリング力を手に入れてください。

「聞く力」に関して、最後にひとつだけお伝えしておきます。

小さい子どもを思い浮かべてみてください。あなた自身でもかまいません。小さい子は「ねえねえ、お母さん聞いてよ」といつも話を聞いてほしがりませんか？　あなた自身も小さい頃そうではありませんでしたか？

実は**人間はもともと「人に話を聞いてほしい」という強い欲求を持っています**。仏頂面で発言が少ない無愛想なおじさんですら持っています。ところが、人生の過程で親や先生や上司などに「静かにしなさい」「そんなことより勉強しなさい」「必要なことだけ話せ」と言われ続けた結果、その欲求を心の奥底に沈めて封じています。しかも社会に出ると、誰かにジャッジされることなく、ただありのままに話を聞いてもらえる機会などなかなかありません。

だからこそ、もしあなたがちゃんとしたヒアリング技術を身につけたら、それだけで相手はあなたを信頼して気持ちよく話しはじめます。つまり**「聞く」というのはそれだけで人心掌握の機会になりえる非常に強力なツール**なのです。これを契機にぜひ「聞く」に注意を傾け、「聞く」を極めていきましょう。

「考える力」にもIQ的・EQ的側面存在する

以上が、私の提唱する6大基本能力のうち「聞く力」の基本部分です。他の能力についても同様に、まだあなたが認知できていない深さや広がりが存在します。ページの都合もあるので、ここでは他の能力についてダイジェストで紹介していきます。

まずは「考える力」についてです。

企業を支援する場合、「事業」と「組織」の両方についてバランスよく考えなければなりません。ここにもIQ的側面とEQ的側面が存在します。

図にすると次ページのような感じでしょうか（図12）。

「聞く力」同様、こちらもバランスよく取り組んでいかないと事業拡大は難しいものですが、やはり偏りすぎているプロの方が多いようです。もちろん専門分野はあっていいのですが、ひとつの分野だけ100点で、あとの分野は0点となると実際の企業

■図12.「考える力」のIQ的側面とEQ的側面

	IQ的側面		EQ的側面
事業的側面	・PEST分析 ・3C分析 ・SWOT分析 ・事業戦略 ・ポジショニング ・ロジカルシンキング ・ロジックツリー	・フレームワーク ・事業計画 ・予実管理 ・CF管理 ・プロジェクトマネジメント	・リーダーシップ ・ゴールビジョン作成 ・理念浸透 ・人心掌握 ・合意形成
組織的側面	・組織戦略 ・組織編成 ・採用戦略 ・評価制度設計／運用	・育成計画／運用 ・業務効率化 ・部門連携強化 ・社内DX	・コーチング ・メンタリング ・カウンセリング ・心理学 ・マインドフルネス

支援は困難を伴います。逆に言うと、自分の専門外に関しても基礎を知っておくだけで格段にレベルアップします。

図12の左上にある「事業×IQ」の領域は、若い時に新人研修でロジカルシンキングなどを受講された方も多いと思いますので、概要はご存じのことでしょう。ただ、頭ではわかっていても、日々の業務に埋没して活用してない場合も多いかもしれません。COO代行として企業支援にあたっていると、自社の戦略・ポジショニングを見誤っていたり、考えていない企業によく出会います。また、私の受講生で組織コンサルタントの方がいたのですが、「せっかく過去にロジックツリーを勉強

したのに近年使えてなかったので、先日提案でやってみたら顧客に喜ばれ、大きな受注をした」という方がいました。

図12の左下となる「組織×IQ」の領域は組織・人事系のコンサルタントや社労士が得意とするジャンルですが、一方で事業戦略には無頓着という方も少なくありません。**組織戦略というのは、あくまで事業戦略を実現する手段なので、事業戦略を触らずにここだけ手を付けても効果は限定的**で、むしろ社内がチグハグになってしまう可能性もあります。逆に事業戦略を見直すことで、この分野の課題が大きく解決することもあります。

図12の右上の「事業×EQ」は4つの領域で一番手薄なところかもしれません。というのも、経営者には事業は大好きだけど人心掌握・合意形成は苦手という方も多く、一方で外部から支援するプロは外部のスタンスで支援してしまうので、自らリーダーシップは取らない（もしくは取れないと思い込んでいる）場合が多いからです。ここで一番重要なのは**「ゴールを描く能力」**でしょうか。ストーリーテリングなどの技術を活用するとやりやすくなります。また、人心掌握・合意形成をうまく進めるには心理学の知識が必要です。その方面の書籍を何冊か読んでおくだけでもバランスはよくなるはずです。

図12の右下の「組織×ＥＱ」はコーチやメンタルカウンセラーが得意とする領域です。組織コンサルタントもこの領域に寄っている方が多くいます。彼らは対極にある「事業×ＩＱ」に関しては苦手である印象です。また、事業に関する知識が薄いので、真上の「事業×ＥＱ」に属するゴールビジョンも作れません。この領域を得意とする方が事業側の知識を身につけると、チームビルディングはだいぶやりやすくなるはずです。逆にそれが弱いと本来は手段であるはずのチームビルディングが目的化してしまい、事業にとってあまり重要ではない人材の働きやすさなどに注力してしまうなどの本末転倒が起こります。

「話す力」を磨くことで会議を支配する

「話す」というのは最も強く主体性や想いを表現できる能力です。ここにもＩＱとＥＱの両方の側面があります。経営者も含めて、組織にいる人達を納得させ、共感させられるコミュニケーションができるようになると、外部の人間であってもリーダーシップを発揮して、チーム全体の人心掌握・合意形成を担えるようになります。

「聞く力」と同じで、両面をバランスよく鍛えていくと格段にレベルアップします。また「考える力」にも影響されるので、セットで鍛えていくとさらに効果は上がります。

ここはテクニックももちろん大事ですが、それよりも自身の「在り方」が大事な分野です。支援がはじまったその瞬間から、「自分がこの会社を引っ張っていくリーダー役をやるんだ！」という主体的意識がないと、どんなにスキルが高くても、部外者・評論家に成り下がってしまいます。しかし、悲しいことに「自分で自分の仕事の線を決めて、それ以上は踏み込まない」と

■図13. 人を動かす共鳴のアプローチ

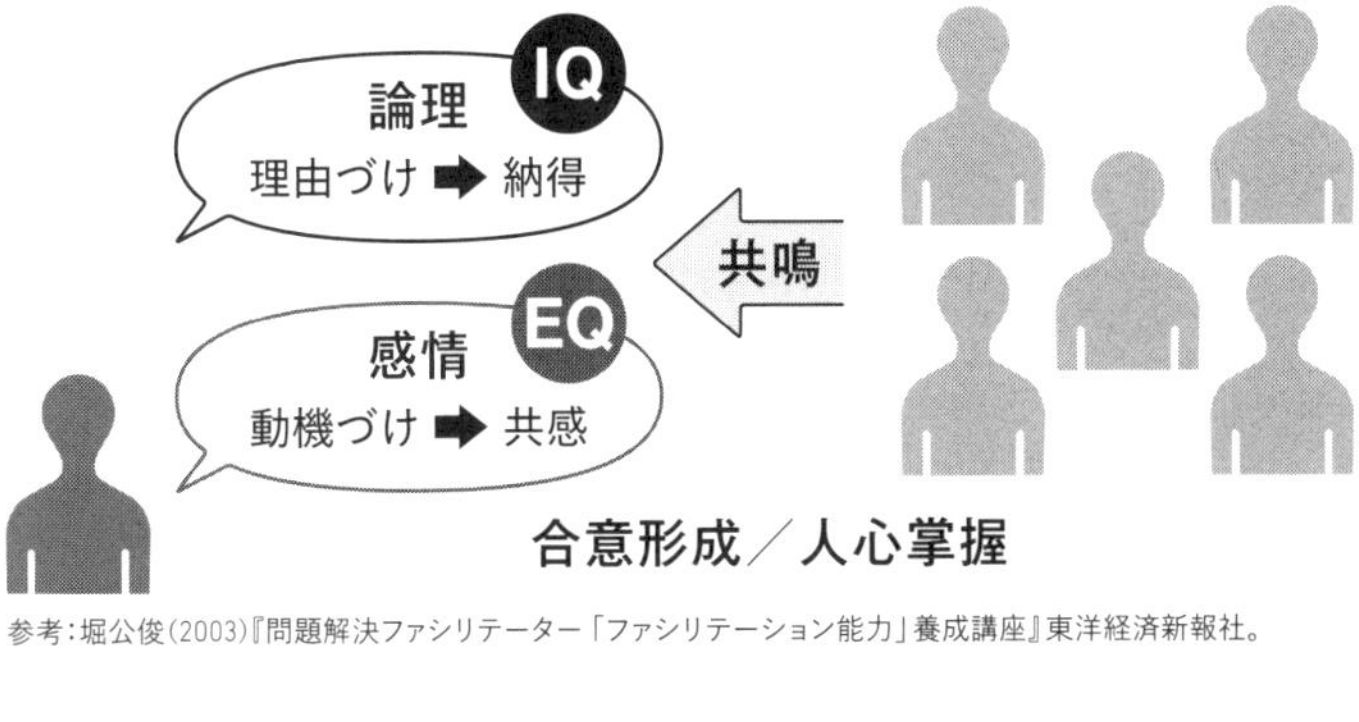
論理
IQ
理由づけ ➡ 納得
共鳴
感情
EQ
動機づけ ➡ 共感
合意形成／人心掌握

参考：堀公俊(2003)『問題解決ファシリテーター「ファシリテーション能力」養成講座』東洋経済新報社。

いう仕事の仕方をするプロも少なくありません。

IQ的な話す力については、「課題を分類して整理する」「議論の発散と収束をうまくコントロールする」などが重要です。このあたりがスピーディにできるようになると会議を支配できます。いわゆるファシリテーションスキルと呼ばれるものです。ただし、ファシリテーションも事業戦略・組織戦略などを理解していないと、単なる司会役になってしまうので注意が必要です。対策については、課題をブレイクダウンしてTODO化し、期限と担当を明確にして、進捗を管理するプロジェクトマネジメントスキルが備わっていると推進役として活躍できます。

EQ的な話す力については、考える力の「事業×EQ」領域で触れた「ゴールを描く能力」が関係します。描いたゴールをいかに自分事として熱意を持って周囲に話せるかが重要になります。抽象的な表現ですが**「言葉にどれだけ魂を込められるか」**という感じでしょうか。ある意味でCOO代行を最も体現する能力かもしれません。また、心理学を理解した上で、適切なタイミングで「共感」「承認」「相手に対する信頼」をうまく言葉に織り交ぜて話すことで、同時に人心掌握を図ります。

「書く力」の向上で超効率的な会議やSNS営業を実行

「書く」という能力は磨いていくといろんな場面で武器になります。COO代行をやる上で重要なのは会議中での「書く」でしょうか。

私の会議スタイルの場合、オンラインの場合は画面共有、オフラインの場合は大画面モニタかプロジェクターを用意して、自分のPC画面を参加者全員に提示しながら、出てきた議題や対策などをその都度記述していきます。これには訓練が必要で、各参加者が話している内容のポイントや文脈を読み取りながら、話すスピードと同時進行でタイピングしていく技術が求められます。また、参加者が考察しやすいよう図や表もその場で作成します（図14）。よく使うのは組織図や業務フロー図でしょうか。一度書いたものを復唱して、しっかり認識を合わせつつ合意形成を図ることに寄与します。

■図14. その場で作成する図、表の例

例）優先順位の整理

アクションリスト

- ・営業受注率対策
- ・中途採用強化
- ・新規営業採用
- ・マーケティング強化
- ・広報部門立ち上げ
- ・新規事業立ち上げ
- ・A君をマネージャークラスへ育成

➡

ステップ1（3ヶ月以内）

- ・営業受注率対策
- ・中途採用強化

ステップ2（4〜6ヶ月以内）

- ・新規営業採用
- ・A君をマネージャークラスへ育成

ステップ3（6ヶ月〜1年以内）

- ・マーケティング強化

ステップ4（1年以上先）

- ・広報部門立ち上げ
- ・新規事業立ち上げ

整理して優先順位を明確に

例）組織図

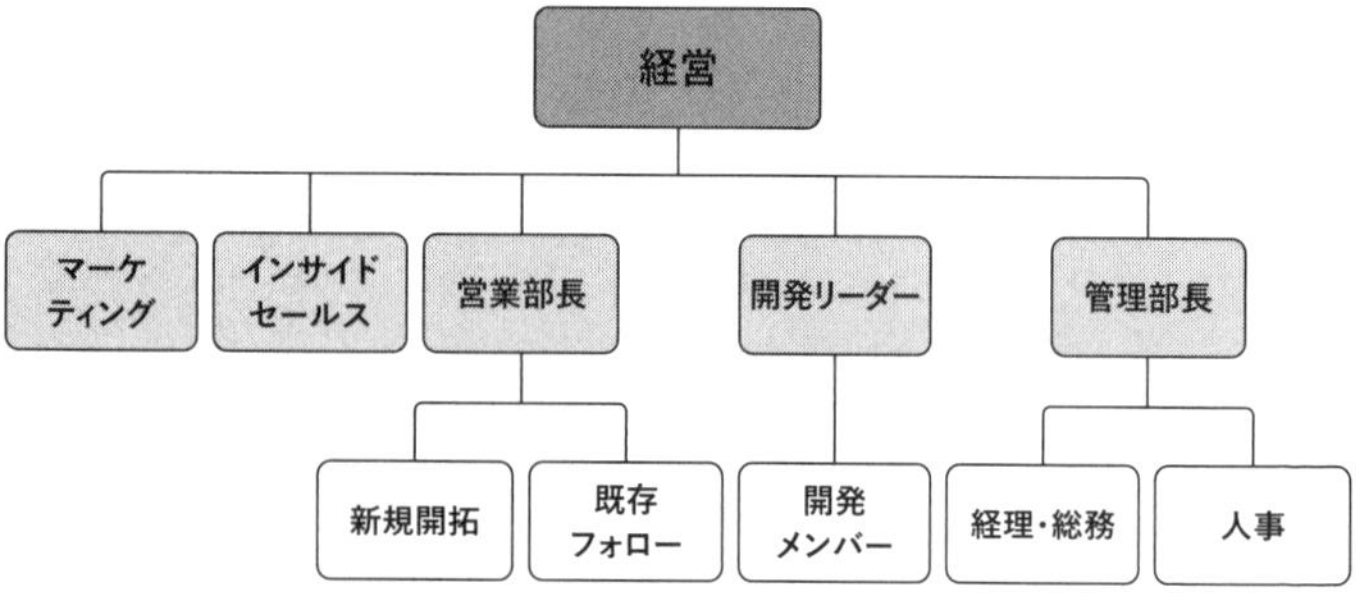

整理して責任の所在を明確に

また、**「書く力」は情報発信による超効率的な営業活動にも使えます。**図15のように私はFacebook Messenger経由で仕事の新規相談が舞い込むことが多いのですが、これは私が仕事が舞い込むことを意識して自身のタイムラインに投稿しているからです。これまで累計で1億円以上の仕事をFacebook経由で受注してきました。「書く力」を高めていくとこのようなことも実現可能になります。

■図15. Facebook Messengerでのやり取り例

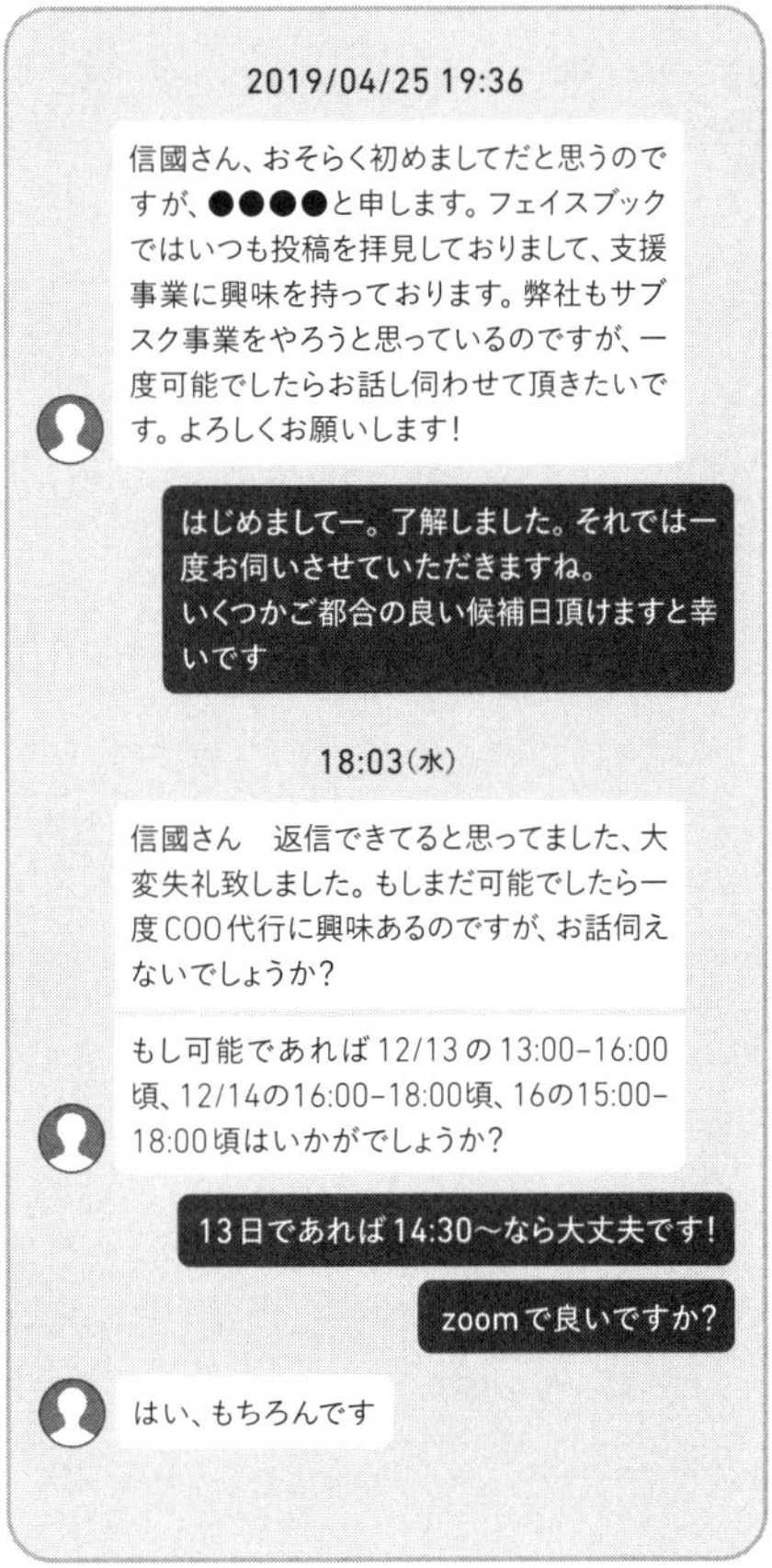
2019/04/25 19:36
信國さん、おそらく初めましてだと思うのですが、●●●●と申します。フェイスブックではいつも投稿を拝見しておりまして、支援事業に興味を持っております。弊社もサブスク事業をやろうと思っているのですが、一度可能でしたらお話し伺わせて頂きたいです。よろしくお願いします!
はじめましてー。了解しました。それでは一度お伺いさせていただきますね。
いくつかご都合の良い候補日頂けますと幸いです
18:03(水)
信國さん　返信できてると思ってました、大変失礼致しました。もしまだ可能でしたら一度COO代行に興味あるのですが、お話伺えないでしょうか?
もし可能であれば12/13の13:00-16:00頃、12/14の16:00-18:00頃、16の15:00-18:00頃はいかがでしょうか?
13日であれば14:30〜なら大丈夫です!
zoomで良いですか?
はい、もちろんです

そのためのポイントは、ＩＱとＥＱを踏まえてターゲットが仕事を依頼したくなる文章を書くことです。「聞く力」や「考える力」が高まっていると、それに支えられて「書く力」も格段にレベルアップしていきます。

参考までにＳＮＳを用いて仕事を取りたい場合のタイムライン投稿術のポイントを列挙しておきます。これについてはより詳しく書かれたＳＮＳ営業術などの書籍が多数出ていますので、興味がある方は読んでみてください。

●営業色を出さない
●ターゲットを明確にする
●仕事を頼みたくなる文章を意識する
●内容は「実録・回顧録系」か「ノウハウ系」
●難しいことをわかりやすく書く
●結論から書く
●短文で切る
●成功している感を演出する
●プライベートネタは１～２割に留める

「読む力」を高めるには読書の仕方を変えること

ＣＯＯ代行として多方面の能力をバランスよく獲得するには、「読む力」を高めることが重要です。情報を効率よくインプットして、すばやく身につけることが容易になるからです。

「読む力」を高める具体的な方法は読書の仕方を変えることです。３つのポイントをお伝えします。

1．学習即実践

多くの方はインプット（＝読書やネット記事閲覧）に多くの時間を使うのに、アウトプットを疎かにする傾向があります。あるいは慎重さのあまり、入念にインプットしてからしかアウトプットしようとしません。真面目な人ほど特にそうなります。これだと知識は単なる知識のままで、いつまでもビジネス戦闘力は上がりません。

おすすめは「学習即実践」です。**新しいインプットをしたらすぐに使いましょう。**イメージとしては長澤まさみさんが主演を務めるドラマ・映画『コンフィデンスマンJP』です。これは信用詐欺師（コンフィデンスマン）を題材にした映画ですが、その中でよく一夜漬けで勉強して次の日には専門家に化け、本物のプロのように振る舞う、という場面が出てきます。私もあれを実際にやっています。

第2章でもお話ししたように、私は20代の頃、当時ほとんど誰も知らなかったSEOの本を書店で見つけ、その1週間後に「私は国内でもまだ数少ないSEOコンサルタントで……」と言ってクライアントにプレゼンしたことがあります。そして受注し、やらざるを得なくなったので勉強しながら実践し、なんとか納品しました。この時に身につけた知識や実践経験は今でも私の中で活かされています。

2. 必要な部分だけ読む

すでに何十冊かビジネス書を読んだことのある方ならわかると思いますが、同じ分野（たとえば営業）の書籍にはだいたい似たようなことが書いてあります。にもかかわらず、多くの方は真面目に頭から最後まで1冊すべてを読む読書の仕方をします。これははっきり言って時間の無駄です。

お勧めは**目次を開いて気になる箇所だけいきなり読むという読み方**です。そしてそこを読んだら目次に戻ってまた気になる箇所を読み、それがなくなったらその本は読破ということにして次の本に進むというスタイルです。この読み方だと1日に5冊は読めてしまいます。知識系の本はそれで十分機能します。

3. 100回読む

さきほどと真逆の話をします。もし知識習得だけでなく、その本に書かれた内容を習慣化したい、そのノウハウを使って自己変容したいという場合はアプローチが180度異なります。

「三つ子の魂百まで」と言われるように、小さい頃に刻まれた常識や信念はそう簡単に変わりません。たとえば、親に「わがままを言うな」と何度も叱られた人は、自分の内発的動機（内側から湧き出てくる情熱や好奇心などによる動機）を見つけづらい（あるいは見つけても我慢してしまう）状態になっていたりします。そうした人は、親の言葉をとんでもない回数（10万回とか）聞かされているので、本を数回読んだ程度ではマインドチェンジなどできません。

そのような時にお勧めなのは、その本を持ち歩いて、何度も何度も読み返すことです。自分のマインドが変化するまでひたすら読み続けます。

こちらも私自身の体験で言うと、当時自分の自己肯定感の低さをなんとかしたかった私は、原始仏教の思考法を取り扱った『反応しない練習　あらゆる悩みが消えていくブッダの超・合理的な「考え方」』（草薙 龍瞬著／KADOKAWA）という本を、それこそ1年以上毎日持ち歩き、移動時間やトイレやカフェでの休憩時間などに何度も読み続けました。実践するとわかるのですが、こういうマインド系の話は、何度読んでもそれを忘れて元に戻ってしまいます。しかし**「忘れては気づく」を気が遠くなるほど繰り返すうちに、少しずつ自己変容は進みます。**

「心の整え方」で心を制限する鎖から自分を解き放つ

なぜビジネス戦闘力を高めるのに心を整える必要があるのでしょうか？　理由は、ほとんどの人は小さい頃に親や先生や世間から〝呪縛〟と呼んでも過言ではないぐらいの重い鎧を着せられているからです。重い鎧とは下のようなものになります。

たとえば、内向的な子どもが「みんなと仲良くしなさい」「仲間に入って遊びなさい」というのを先生から何度も言われた場合、「内向的な自分

■図16. 代表的な3つの鎧（呪縛）

親の呪縛	・静かにしなさい ・早くしなさい ・立派な人になりなさい ・わがままを言ってはいけない ・次は100点を取りなさい
学校の呪縛	・●●さんはいつも先生の言うことを聞いて素晴らしい ・みんなと仲良くしなさい ・みんなの輪の中に入りなさい。活発に遊びなさい ・ルールをちゃんと守りなさい
お金の呪縛	・お金持ちは悪人だ。お金は悪いものだ ・お金は怖い。お金は危ない ・お金を稼ぐのは難しい ・私腹を肥やしてはいけない

＝ダメなやつだ」という思い込みが刻まれます。実際には外交的人間よりも内向的人間の方が知性や感性の点で優れていたりするのですが、小さい頃にそのような思い込みが形成されると、大人になっても自分の能力に自信が持てなくなります。

また、時代劇のように「お金を稼ぐ人は悪者」というストーリーを何度も目にしてしまうと、「お金を稼ぐこと＝悪いこと」という思い込みが心に深くインストールされます。そうなると、大人になって顧客に見積もりを提示する時、今までよりも高い金額を提示するのが怖くなります。

このように、**我々の心には自分の力を制限するさまざまな鎖が無数に絡みついている**のです。当然、その状態ではいかに努力してスキルアップしても、本番で力を発揮できません。心にある呪縛がいろんな場面で邪魔をしてきます。

しかも「三つ子の魂百まで」なので、こうした呪縛はそうそう簡単には外れません。読む力で書いた「百回読む」も有効ですが、それ以上に自分の心の構造を知って対策することが重要です。

心の中にある信念・常識を書き換えるための具体的アプローチは次の通りです。

1. 発見

まずは自己探求をして、自分の中に眠る信念や常識を探ります。ヒントとなるのは感情です。イライラした時や不安になった時には、その周りに信念が隠れていることが少なくありません。たとえば、待ち合わせの場所に車で向かっている最中に道が混んでいてイライラしてしまう人は、「時間には絶対遅れてはいけない」という強い信念を持っているという具合です。

自分の感情を頼りに日常や過去を振り返るなどして、自分にとって都合が悪い信念を見つけていきます。

2. 修正

自分の中に都合の悪い信念が見つかったとしても、それは心の中にあるので、直接触れることができません。ここで修正するのは信念そのものではなく、自分の行動や言動です。

たとえば、「時間には絶対遅れてはいけない」という信念が強すぎていつもイライラしてしまう人がまずやることは、友人との待ち合わせにわざと遅刻することです。友人に事情を説明して協力してもらうと、より安全に実行できます。そういうことを相談しても快く協力してくれる気の置けない友人相手に実行することをお勧めします。

3. 変化

遅刻したにもかかわらず友人に許してもらうと、自分の過去に刻まれた「遅刻すると怒られる、怖い」という信念が「遅刻しても安心」という感情に変化します。

4. 影響

そうすることで「時間には絶対遅れてはいけない（でないと愛されない・捨てられる）」という信念が感情に影響されて、徐々に「時間に遅れても大丈夫（そ

■図17. 信念を書き換えるアプローチ

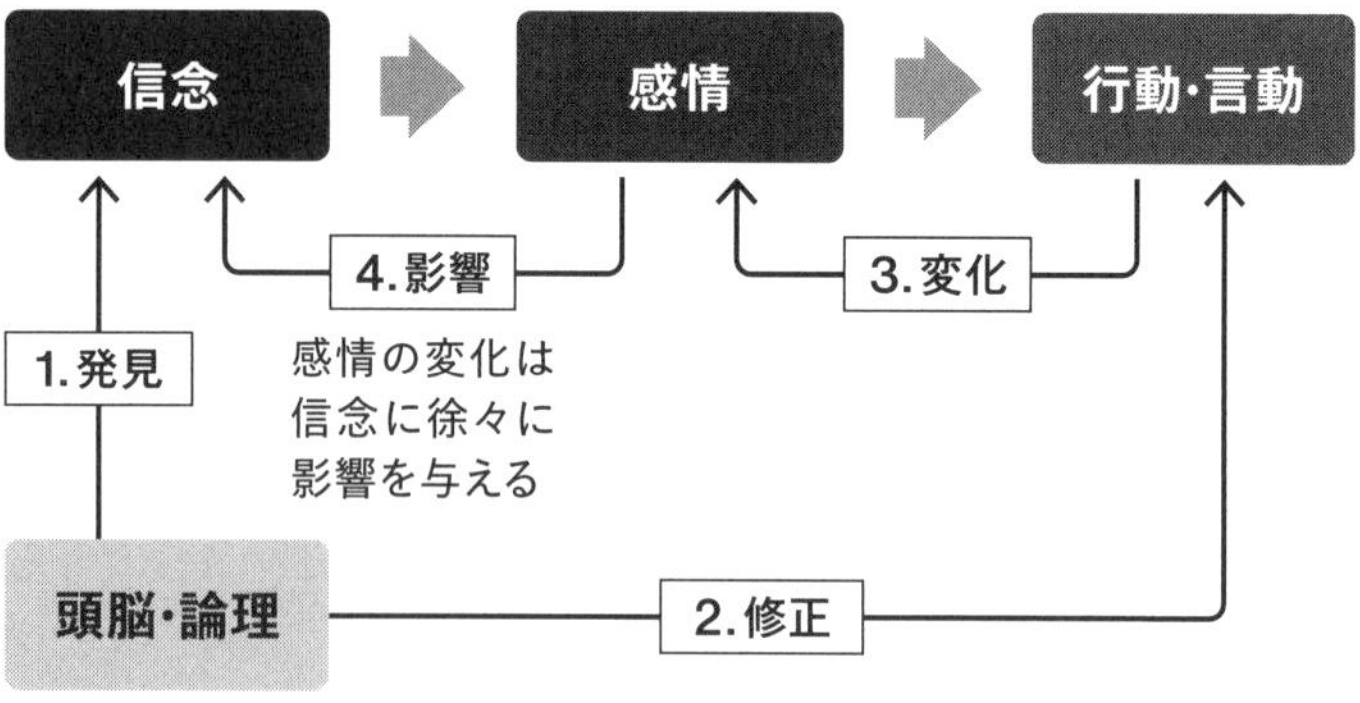

れでも私は愛される)」という信念へと書き換えられていくのです。

以上、6つの基本能力について、軽く概要を紹介してきました。みなさんがまだ手を付けていない分野を鍛えて、総合的にレベルアップするイメージが少しはできたでしょうか?

第4章

COO代行になるために③

COO代行のマインドセット

具体例から学びを得る

この章では読者の方にイメージしてもらいやすくするため、私がどのような道のりを辿って、地方中小のダメサラリーマンからスーパージェネラリストとも言うべき「COO代行」という仕事をやれる現状に至ったのかを、詳しくお伝えしていきます。また、後半にはCOO代行として具体的にどんな案件を扱ってきたのか4つの例を挙げて記しています。

振り返ると一般的な方とはかなり異なる意思決定をし続けた20年間だったと思います。左に簡単な私の〝履歴書〟を掲載していますが、我ながら独特で波乱万丈な職務経歴だと思います。これを同じように真似しろとは口が裂けても言えません。ただ、ひとつひとつのキャリアの中で得た学びが、今のCOO代行に通じるマインドセットを形作ってくれたのは確かであり、その部分を参考にしていただけたら幸いです。

COO代行をダイレクトに目指す方も、それ以外の方も、新たなキャリアを開拓してステージを上げる際のサンプルとしてお役に立てるストーリーかなと思います。

信國大輔の履歴書

1995年	佐賀大学理工学部知能情報システム学科入学
2000年	福岡の中小システム開発会社に入社、営業部配属 **営業とプログラムの基礎を勉強** 2002年、東京に転勤。SEOを独学で学習 **マーケティングに開眼**
2004年	ライブドアに転職。セミナー企画を担当 在職中に自身でメルマガ発行、情報商材販売 大きな利益を得る **ベンチャーのスピード感とデジタルマーケティングの実践的ノウハウをマスター**
2007年	独立するが借金を抱え、地道に働くことを決意 **資金ショートの恐怖からキャッシュフロー管理を学習**
2008年	中小企業向けマーケティングコンサルタント開始 **相談内容が営業、商品設計、人材採用、育成、組織戦略、資金計画、事業継承…など多岐化**
2012年	組織コンサルタント事業で10名以上の社員を雇用 **経営者と社員の意識の違いを痛感**
2018年～	過去すべての経験を活かし「COO代行」を名乗る

キャリア１
地方中小システム開発での法人営業からスタート

私が新卒で初めて就職したのは、遡ること20年以上前、西暦２０００年の頃です。当時はバブル崩壊後で就職氷河期真っ最中でした。

私の出身は福岡県糟屋郡という田舎で、大学は佐賀大学理工学部知能情報システム学科。通常この学科を卒業した学生の大半はエンジニア系に進むのですが、ひねくれ者気質だった私は「みんなが右を向くなら左でしょ」と考え、最初に受けた福岡県の中小システム開発会社の面接で営業志望だと伝えました。

理工学部系出身者で営業志望なのは私だけだったようで、ちょうど営業力強化を考えていた経営陣の興味を惹き、運良く就活1社目で内定をいただきました。当時の愛読書は『週刊少年ジャンプ』で、キャリアのことなどほとんど何も考えてないぐらい浅慮だった私は、「どこに勤めたって面白くするのは自分だし、まあここでいいか」と早々に就職先を決めてしまいました。そしてわずか1社で就活を切り上げ、あとは卒業まで遊び放題。絵に描いたようなダメ大学生そのものでした。

翌年4月に同社に入社。営業志望とはいえ、いきなり法人営業部では基礎知識がなさすぎるので、まずはじめの3ヶ月間はシステム開発部に配属となりました。そこで当時のメジャーな開発言語だったVB（Visual Basic）を使い、某大手通信会社の業務システムの一部の開発に携わります。

COO代行になった今でも、DX周りの話に触れることはよくありますし、業務システム導入の推進などもテーマとしては頻繁に発生します。なので、わずか3ヶ月とはいえ、直に開発言語やデータベースに触れる機会を持てたことは、その後のキャリアに大きな価値をもたらしました。開発が専門でもないのに「この処理をするとデータベース的に複雑になりすぎるからつらいですよね」等のエンジニアをかじってないとわからない話にもついていけるので、開発パートナーからは驚かれます。

業務システムなどの〝ものづくり〟を進める上で、最上位の要件定義フェーズ時点から最終的なプログラムやデータベースのことを意識して話を進められる能力はとても重要です。そうした部分をある程度理解している人が全体の指揮を執ると、話がある程度わかるので、要件定義が怪しい方向に行きそうな場合、開発者側が忌憚のない意見を出してくれます。仕様変更が入った場合も、開発経験があると工数が膨らむことは容易に想像がつきますので、クライアントと事前に納期を調整して進めることができ、開発者が安心して協力してくれます。そのような能力を身につけられたのも、この時代の経験が私の中に脈々と息づいているからだと思います。

余談ですが、開発現場のことを知らず、ロジックだけで要件定義をする、机上の空論バリバリのコンサルタントがシステム開発プロジェクトのトップである場合、往々にしてデスマーチに突入します。そのツケを孫請けや曾孫受けのソフトハウスに丸投げする〝外注叩き〟だけに長けたSIer（エスアイヤー：システム開発業者）やITコンサルティング会社も多く、だからこそ多くの下請け開発会社は自分たちの身を守るために仕様をとにかく確定させて、それ以外は触らないという下請け根性丸出しの仕事の仕方が身についてしまいます。最終的に困るのはそのシステムを導入するクライアント企業の現場社員で、机上の空論で作られた使いづらいシステムを無理やり使わなければならない事態に陥ります。〝三方よし〟どころか〝三方悪し〟というような状況ですね。もっと現場と開発者、両方の声を傾聴して合意形成し、プロジェクト全体を進めていける懐の深いプロが増えることを切に願っています。

さて、話を戻して、3ヶ月間の開発経験を終えて、いよいよ法人営業部に配属されました。同社の営業部は社長が営業部長を兼任しており、先輩社員が1名のみ。会社には70名近く社員がいるのですが、その大半はエンジニア人員で、既存の顧客企業とはSE（システムエンジニア）が直接話して見積もりも受注もしてしまうので、営業部は日陰者という感じでした。また、その先輩社員も特に私の教育係を任命されたわけではなく、ほったらかしの状態から私の法人営業マン時代はスタートしました。

営業部に配属されて最初の1年は、ほとんどすることがありませんでした。何度か社長の表敬訪問に同行したぐらいで、あとは本当にほったらかしです。あまりにやることがなさすぎて、先輩社員から依頼された請求書1枚を1日かけて作成して時間を潰す日もありました。当然残業もなく、毎日17時には帰っていました。

「このままだとまずいな……」

浅慮だった私も、さすがに1年間何の経験もせず日々が過ぎていったことに焦りを覚えました。しかし、営業の仕方も誰も何も教えてくれません。既存顧客のルート営業もSEがやってますから、付け入る隙がありません。仕方がないので私は自分でゼロから新規開拓をするしかないと考えました。

そこで、わからないながらも考えました。同社が当時付き合っていた顧客企業を見ると、だいたいが大手企業のシステム子会社やSIerです。であるなら、今付き合いのないそういう企業に訪問営業すれば、受託開発の声がかかるのではないか？――そう考えた私は、インターネット検索などで福岡県内にあるシステム会社を調べ、さらに営業資料や営業トークもすべて自分で準備して、電話をかけはじめました。

普通に考えるとまるでアポも取れず全滅……というのが関の山でしょう。しかし幸運なことに、結構な確率でアポが取れたのです。理由は新規営業で行った先の部長さんの言葉でわかりました。今でも鮮明に覚えていますが、こんな言葉です。

「そちらの会社って受託開発ですよね？　受託開発の営業で新規飛び込みアポって珍しいですね。あんまり珍しいから思わず会うことにしましたよ」

通常、システム受託開発業界は、既存顧客との付き合いや人脈営業で仕事がやり取りされるため、少なくとも2000年代当時は飛び込みの新規アポ電話など誰一人やっていませんでした。ですから、どの顧客企業も営業電話に慣れておらず、普通に部長などに取り次いでくれるという状況でした。これは福岡という地域性もあると思います。

それをきっかけに、やっと私にもまともな仕事が増えてきました。アポが取れたところに足繁くルート営業していると「御社でこんな開発は可能か？」などの相談をされるようになり、それを技術部に相談して技術部とのやりとりも増えました。

そこから数年経過した頃には「あいつには営業力があるから東京開拓もやらせてみよう」という声がかかり、入社3年目にして東京転勤という転機が訪れました。当時、私はすでに結婚しており子どももいましたが、家族で東京に移り住みました。といっても、東京でチャレンジしたいという高尚なマインドがあったわけではなく、会社が東京開拓に力を入れていた影響で転勤手当が優遇されていたのに釣られただけでした。当時は3年ぐらい東京で働いた後、福岡に帰って来るつもりでした。


東京に来てからも、最初は受託開発の法人営業・新規開拓をやっていましたが、もともと飽きっぽい私はそれだけだと徐々につまらなく感じるようになりました。どうしても受託開発案件の主役はSEであり技術部です。そうではなくてもっと自分がメインでやれるような分野を開拓したい……そんなことを考えるようになりました。

そんなある日、書店でSEOに関する本を見つけます。そう、第2章でお話したエピソードはこの時期のことです。今では常識となったSEOですが2000年代当時はまだ珍しく、周りのエンジニアや友人に聞いても「なにそれ?」という状況でした。

そんな中で私は本を読んだ翌週、すぐにSEO対策を盛り込んだホームページ開発をクライアントに提案。先方も知識がないので、私が1週間前に本を読んだばかりの素人とは気づかず、仕事を発注してくれました。仕事が取れてしまったらやるしかありません。私はその書籍を社内のエンジニアやデザイナーにも読ませ、社内メンバーと一緒にホームページのテキストを考えました。今現在私が直接SEO対策を手がけることはありませんが、当時の知識があるので、マーケティングの話にもある程度ついていけます。

私はそれ以降も書籍でユーザビリティやアクセシビリティなどを勉強しました。そして、ホームページ制作の相談が来るたびにSEOと合わせて提案し、SEに頼らない売上がどんどん作れるようになっていきました。

東京転勤から2年ぐらい経った頃でしょうか。当時の顧客企業の担当者が同年代で個人的にも仲良くなり、その彼からとある勉強会に誘われました。

行ってみると、私以外はMARCH以上の高学歴で、外資大手コンサル会社などの有名企業に勤める若手が集まっていました。勉強会は「お互いのキャリアアップをどう戦略的に展開していくか？」といった内容。集まっているのは意識が高いメンバーばかりで、難しい用語や理論が飛び交っています。学歴も大したことがなく、地方の中小企業の一営業マンだった私は、内心強い劣等感を感じていました。

「このままでは彼らに勝てない。環境を変えなくては……」

そう思った私は、やがて東京の会社への転職を考えはじめます。そこで目に留まったのが当時球団買収騒ぎで世間をにぎわせていた、ホリエモンこと堀江貴文氏が率いる「株式会社ライブドア」でした。ただ、ここで転職してしまえば福岡には帰れなくなります。初めての転職で、地方中小企業からいきなり躍進中のメガベンチャー、しかも片道切符……流石に無理があると思いながら妻に相談したところ、「やってみたいなら面接受けるだけ受けてみたらいいじゃない」と背中を押してくれました。この後押しがなかったら私はいまだに地方中小企業の営業マンをやっていたかもしれません。

ライブドアの面接はとんとん拍子で進み、最終面接は堀江社長でした。かなり緊張しましたが、なんとか合格。そこから私のライブドアでの仕事が始まりました。東京転勤になってから2年が経過した2004年の冬のことでした。

MINDSET

みんなが右を向くなら左を向け。

理工学部出身にもかかわらず、就職面接で営業を志望。その珍しさが経営陣の興味を惹き、就職氷河期にもかかわらず1社目で内定を獲得しました。個人的に元々ひねくれ者的な気質はありましたが、社会において「逆張り」という手法が有効なことをここで体感しました。さらに、既成概念にとらわれず、自分のモチベーションを大事にすることの重要性も学びました。

⇩

STUDY

「逆張り」の有効性

キャリア2
ライブドアに転職してセミナー企画を担当

ライブドアに転職して最初に面くらったのはそのスピード感です。地方の中小企業のスピード感に慣れていた私は衝撃を受けました。それもそのはず、当時のライブドアはスピードが早いベンチャーの中でも異常な速度で意思決定が進んでいく、トップレベルのメガベンチャーだったのです。当時は労働時間などもうるさくなかったので、みな毎日終電ぐらいまで仕事をして帰るのが普通でした。

本社から出向という形でライブドアのグループ会社所属になった私が任命されたのは、受託開発営業からは程遠いセミナー企画でした。これはライブドアの知名度を使って有料セミナーに集客する事業の企画を行うというものです。

右も左もわからない私に、当時のグループ会社の社長から、

「とりあえず起業系の企画を立ててみてよ」

というざっくりした依頼がきました。しかし、今まで企画業務などやったことがない

ので、机の前で1日悩んでも何も出てきません。再度社長に相談したら、ざっと素案を作ってくれ、それに沿って立案するよう指示されました。そんな何もできないズブの素人から企画担当業務がスタートしました。

ライブドア入社当初はとにかく周りのスピードについていくだけで精一杯な上、担当はまったくやったことのない新規業務。当然めちゃくちゃ大変です。しかし、この時期の経験がまた私を大きく成長させてくれました。

セミナー企画には、当時のデジタルマーケティングの基本がすべて詰まっていました。まずセミナーの対象になるターゲットを決め、そのターゲットにどんなセミナーが刺さるかを企画し、そしてそれをLP（ランディングページ：最初に着地するWebページ）に落とし込みます。LPができあがったら、そのグループ会社が保有するハウスリストやオウンドメディアを使って集客をかけます。ハウスリストにメルマガを流し、オウンドメディアにLPへの導線を貼ります。

当時一番集客力のあるオウンドメディアは堀江社長のブログでした。直接メールで堀江社長に「このセミナーの告知をお願いします！」と緊張しながら依頼したのも懐かしい思い出です。

私が初めて企画したのは「ライブドア起業塾」というものでした。登壇したのはグループ会社の社長と社内のコンサルタント。社長の的確な指示もあり、初回のセミナーはまずまずの結果となりました。

好評だったので「ライブドア起業塾」はそのままシリーズ化することになりました。次に企画したのは起業を考える女性をターゲットにした「女性起業家養成講座」。グループ会社社長の知人に女性経営者の方がいらっしゃったので講師を依頼しました。今では女性がターゲットの起業塾やスクールはたくさんありますが、当時は珍しかったことに加え、ライブドアという話題性も相まってかなりヒットしました。

素人からのスタートなので仕事は大変でしたが、幸運にも当時のライブドアのブランディングと〝起業〟というテーマがマッチしていたので、その後の企画セミナーも順調に売上が上がっていきました。

一番大変な時期を乗り越えて、転職して3ヶ月ほどが経過した頃でしょうか。それまでは企画も講師選定もグループ会社の社長におんぶに抱っこでしたが、このままではさらなる成長と収益拡大は見込めないと思い一念発起、私は完全オリジナルの講師ルートを探すことにしました。

当時のライブドアはメディアに連日登場していたため、知名度は抜群でした。社外の方と名刺交換をするたびに「あのライブドアですか！」とリアクションされていました。

「会社がこんな状態なので、新規でどんな人に会いにいってもある程度会ってもらえるのでは？」

そう考えた私は、過去のセミナー参加者のうち、人脈を持っていそうな人に「面白そうな人がいたらセミナー講師を依頼したいので紹介してほしい」と声をかけました。すると、とある参加者から、「情報商材販売やアフィリエイトなどのネットビジネスで、個人で毎月数百万円を稼いでいる人を何人か知っている。紹介させてください」と返事がきました。当時の私はネットビジネスというものをほとんど知らなかったのですが、「個人で毎月数百万円を稼ぐ」と聞いた時、直観的に「これは当たりそうな企画だぞ」と感じました。

後日、その参加者に六本木ヒルズのライブドア事務所に来ていただいて打ち合わせをしました。その方自身もネットビジネスを実践していて、個人で情報起業家（インフォプレナー）の情報を取りまとめたウェブサイトを運営して、月40万円以上稼いでいました。

「副業で月40万とはすごいですね。しかもウェブサイトだけで稼ぐなんて」

私がそう言うと彼は笑いながら、

「いやいや、私なんてまだまだ下っ端ですよ。私がご紹介するのはネットビジネス業界でも有名な方々ですが、すごい人は数千万円単位で稼いでます」と答えました。個人がインターネットだけで数千万円単位で稼ぐというのはにわかには信じがたい話でしたが、彼に何人か紹介してもらい、さっそくアポを取ってみました。

最初にお会いしたのはSEO対策とアフィリエイト・情報商材販売を駆使して、数億円を稼いでいるというネットビジネス経営者でした。前述したように、当時のライブドアの名前はかなり有効で、普通の会社員だとなかなか会ってくれないようなそんな経営者にもアポが容易にとれました。

「私、ライブドアの信國と申します。現在『ライブドア起業塾』という企画をやってまして、その講師としてご登壇いただけないか相談に参りました」

そのように切り出すと、その経営者はコラボ企画に慣れているようで、

「おー、あの有名なライブドアで講師ですか！　それはいいですね。では集客は私がしますよ。参加費1人3万円のセミナーでどうですか？　人数はそうだなー、100人ぐらい集めましょうか。収益は折半でいいですよ」

という具合に、とんとん拍子に話が進みました。1人3万円のセミナーで100名も集めたら、わずか1日で売上300万です。折半したとしても150万。当時一番人気のセミナーでも、1回の売上は50万がやっとでしたから、これが本当なら大当たり中の大当たりです。

自社に帰って社長に説明すると少し笑いながら、「さすがに3万で100名は無理じゃない？（笑）　まあ、リスクはそんなにないしやってみるのはOKだよ。20名も集まれば全然おいしいしね」と許可をもらいました。周りの同僚もさすがにそれは無理でしょという反応でした。当時はネットビジネスの集客力の凄まじさをほとんど誰も知らなかったのです。

その後、我々は驚愕の出来事を目の当たりにします。

私がセミナーLPを完成させて、その経営者にURLを伝えた数時間後、それは起きました。最初に気づいたのはセミナーの申し込みなどを管理する事務職の女性でした。

「なんか……申し込み完了メールが止まらないんですけど……」

なんと1時間の間に50名以上の申し込みが入ったのです。これは前代未聞の事態でした。その後も申し込みは止まらず、結局わずか2日で定員オーバーの150名近くが集まり、六本木ヒルズの会議室では入りきらないので、別途大型の会場を手配しました。

「わずか2日で売上450万オーバー……夢を見ているんじゃないか⁉」

結局、私はそのセミナー1本で月間目標売上をはるかに超える売上を手にしたのです。

さて、この経営者はどうやってそんな人数をわずか数日で集めることができたのでしょうか？　それは現在ではデジタルマーケティングの常識となっているメールマガジンによるものでした。その経営者は、数万人を超える読者を持つメルマガ発行者だったのです。特に電子メールが主体のチャネルだった当時のメルマガは、今より影響力が圧倒的に強く、その経営者は半年後、今度は自分の私塾を主催して2週間で1億円を売り上げるという離れ業をやってのけました。

その大爆発セミナーをきっかけに、私はネットビジネス界の有名人をさらにご紹介いただいて、セミナー企画を連発しました。また、この世界の凄まじさに魅了された私は、彼らのノウハウを学び、自分でもメルマガ発行をはじめました。

そうした中で私はメルマガやブログやセールスレター、情報商材販売、アフィリエイトなどの実践的技術をどんどん習得していったのです。

MINDSET

スピード!

ライブドア時代に学んだのは、とにかくベンチャー企業ならではのスピード感です。当時のライブドアはM&Aでグループ企業となった会社が翌週には隣りのフロアにやって来る、といったことが日常茶飯事。社員の誰もが超高速でPDCAを回しており、「人にできることは自分にもできるはず」という気持ちで私も必死に喰らいついていきました。ライブドアのスピードに慣れた後は、大げさではなく他社の仕事ぶりがスローモーションに見えるほどで、まさにリアル「精神と時の部屋」だったと思います。

⇩

STUDY

超高速PDCAサイクル

キャリア3
情報販売・アフィリエイト起業で独立

ライブドアでセミナー企画を担当する傍ら、私はメルマガを発行して、副業でこっそりネットビジネスをはじめました。今でこそ社会全体が会社員の副業解禁に動いていますが、当時は一般企業では副業全面禁止が常識でした。幸いライブドアは寛容で、セミナー企画の一環としてやっているという建前で黙認してもらいましたが、今考えると「個人がブログやメルマガで稼ぐといってもせいぜい数千円とかでしょ？」というイメージだったから寛容だったのかもしれません。

当時のメルマガは「まぐまぐ」というメール発行スタンドに登録して発行するのが一般的なスタイルでした。このスタンドでは、新刊メルマガが発行されるとスタンドが抱える数百万人の読者に告知してくれるので、お金をかけずに最初から数百万人の読者が集まるというおいしい仕組みでした。私は最初に「まぐまぐ」が提供している有料広告をスタートダッシュで使ったこともあり、１ヶ月ですでに読者は１０００名を超えていました。

さらに、当時は懸賞キャンペーンなどを組み合わせて読者集めを代行してくれる「読者増サービス」というものがありました。他のメルマガ発行者との相互紹介も積極的に展開したため、発行３ヶ月後には読者約７０００名という中堅レベルのメルマガに成長。「ライブドア起業塾」のヒットと相まって、少しずつネットビジネス界の人達にも一目を置かれるようになってきました。

読者数が増えてきたので、メルマガとアフィリエイトを組み合わせて、本業とは別に月10〜20万円ほどの収益を上げられるようになりました。売れる文章を書く技術も学習し、その後のキャリアでもこのスキルは重宝しました。

今ではYouTubeやInstagramなど動画や写真画像をメインとするサービスが多くありますが、当時のインターネットはテキストベースが主力で、だからこそ売れる文章、すなわちセールスレター技術は最も重要なスキルでした。同じものを売るにしても、セールスレター技術に長けた人であれば1回のメルマガで数百万円を稼ぎますし、下手な人なら数万円しか稼げないというぐらい差がつきます。なので頑張ってライティングスキルを磨き、収益をアップさせるというのが一般的な筋道でした。

私もその努力はしていましたが、一方で天才的なコピーライターには敵わないということも実感していました。なので「どうやったら彼らと同じレベルになれるのか？」

「ライティングを磨く以外に方法はないのか？」ということを常に考えていました。

そしてその方法を思いつきました。とても単純な気づきですが、

「売れる文章が最も重要なら、その文章そのものをコピーすればいいのでは？」

と考えたのです。

すでにライブドアの名前で主要なネットビジネス起業家と仲良くなっていたので、ためしにその中でも特にセールスレター技術に長けた人にお願いしてみました。

「私のメルマガで○○さんの情報商材をアフィリエイトで販売させていただきたいのですが、○○さんのメルマガの文章をそのままお借りしてもよいですか？」

当然、回答は快諾。その方にとっては自身の情報商材が売れるための提案ですからコピーを嫌がるはずありません。

そして私はメルマガの冒頭に、

「今日はネットビジネス界でも有名な○○さんのメルマガで重大発表がありました。それをそのまま転載させていただきます」

と書き、文中のＵＲＬだけを私のアフィリエイトコードに差し替えて７０００名の読者に配信しました。

次の日、今でも鮮明に覚えているほどの驚くべきことが起きました。ＡＳＰ（Application Service Provider：インターネットでアプリケーションを提供するサービス事業者）の管理画面で昨日の売上を確認すると、そこに30万円という数字が表示されていたのです。そう、私はコピーアンドペーストでわずか数分で作ったメルマガにより、１日で30万円を稼ぐことに成功したのです。

周りはまだ私が何をやっているのか気づいていませんでしたが、私はすぐに「この手法は絶対売れる！」と確信しました。そして、そのやり方を自身の情報商材にして売るために動き出しました。制作時間はわずか数時間、30ページ程度のＰＤＦデータが私の初のオリジナル情報商材となりました。今でこそＴＴＰ（徹底的にパクる）は常識となっていますが、当時こんな手法は盲点で斬新でしたし、誰も気づいていませんでした。

そして、満を持して初の情報商材販売開始。

１回で４５０万円を稼いだセミナー、１回の発行で30万円を稼いだメルマガ……過去2回の衝撃的出来事に続くサードインパクトが訪れました。この情報商材は各メルマガで連日紹介され、売れに売れて1週間足らずで3000万円を稼ぎ出したのです。そして、当時の情報起業家たちが使っていたASP「インフォストア」で、売れている商材ランキングぶっちぎりの1位になりました。

ところで、その発売1週間前のこと――私は妻に「会社を辞めて独立しようと思うんだけど、どう思う?」と相談しました。妻は「やりたいならやってみればいいじゃない」とあっさり快諾。その直後の3000万円の成功に背中を押された私はライブドアを退社し、情報商材販売・アフィリエイトの分野で独立・開業することを決意しました。私が28歳の時のことです。

ただし、最初は華々しい特大ホームランで起業したものの、その後の道のりは簡単ではありませんでした。

私を独立に導いた商材はその後も順調に売れましたが、情報商材の宿命としてタイトルをかなり誇張していたこともあり、「2ちゃんねる」などの匿名掲示板で盛大に叩かれました。いわゆる炎上です。私は内心「これは一生やる仕事じゃないなぁ」という想いを抱えていきました。

さらに、若くてまだ浅慮だった私は、その後怪しい投資などの儲け話に飛びつき失敗の連続。大成功の後のわずか1年半で、ドン底まで突き落とされました。28歳で1週間で3000万稼いだかと思いきや、30歳手前で専業主婦の妻と子ども3人を抱え、借金が1000万近く膨れ上がり、顧客も仕事もゼロという状態まで追い詰められました。今振り返れば、本当に浅はかだったと思います。それほど当時の私は思考力をはじめ、基本能力が総じて低い状態だったのです。

ドン底からの立ち直りのきっかけは妻の言葉でした。一気に稼いだものだから調子にのって家庭を顧みず、悪さばかりをして悪態をつき、その後見事に仕事も金もなく、借金だけを抱えて、あれだけあった人脈も散り散りになり、若干鬱病気味で意気消沈していた私に妻はこう言いました。

「まあなんとかなるよ。なんだったら私も夜働くし。一緒に頑張ろう」

今思えば、その一言が私の憑き物を取り払ってくれたように思います。

そこから私はうまい儲け話に飛びついてどうにかしようとする姿勢そのものを改めました。今一度しっかりと地に足をつけ、地道に能力を磨き、ひとつひとつの仕事を丁寧にやっていくことを誓いました。

キャリア3で得たマインドセット

MINDSET

リスクを恐れずチャレンジする。

私を独立に導いてくれたのは、書店で知ってすぐにSEO対策をプレゼンした時と同じ「とりあえずやってみる」「巧遅拙速」の精神でした。ライブドアの仕事の傍らメルマガをスタート。さまざまなサービスを駆使し、ひらめいたアイデアを試すことで1週間で3000万円を売り上げる情報商材をモノにしました。その後、自分の浅はかさからドン底を見ることになりますが、私のキャリアの根底には誰よりも果敢なチャレンジ精神が常にあります。

⇩

STUDY

すべての基盤にある挑戦心

キャリア4
中小企業向けマーケティングコンサルタント

心を入れ替えた私が始めたのは、これまでのセミナー企画やネットビジネスの経験を活かしたマーケティングコンサルタントでした。今ではマーケティング関係のコンサルは溢れ返っていますが、2008年当時は今より全然少ないものでした。さらに私はターゲットをベンチャーや中小企業に絞り、プライシングも「月額5万円＋成果報酬」と申し込みやすいものにしました。

また、それまでは管理表など一切作らず、法人口座から直接現金を引き出してそのまま使うぐらいどんぶり勘定だったのですが、資金ショートの恐怖もあり、1円単位でのキャッシュフロー管理を始めました。いい加減にやっていた領収書等の経費管理もすべてデータ化し、毎月きっちりした月次処理を自分でやることにしました。

すでにその時から15年経過していますが、今では中小企業にとって生命線となるキャッシュフロー管理において、私はもしかすると税理士より詳しいかもしれません。

最初の大失敗以降、資金繰りで困ったことは一度もありません。大型案件が立て続けに終了した時も、ひとつの事業を社員に渡して売上が大幅に減少した時も、社員数を増やして組織化していたものをやめて個人プロに戻った時も、直近半年以内のお金で困るということは一切ありませんでした。

私からすると、2～3ヶ月前から慌てる経営者を見ると「そんなの1年前から予見できるよね？」と思ってしまうのです。危険を伴う案件がある場合、1年近く前からそれを予想して先に借り入れを行なっているので、慌てて金融機関に融資を相談してドタバタすることはありません。しかもキャッシュフローを徹底管理しているので、融資に必要な資料をそろえるタスクも数日でできてしまいます。わざわざ経理スタッフを雇う必要もなく、法務局・税務署・区役所も自分で回って書類を即日そろえられます。もはや慣れすぎてめちゃくちゃ簡単です。

私がやっている手法は非常に単純なもので、今の時代では少し古臭いくらいですが、いくつかのExcelファイルのみを使ったキャッシュフロー計画・管理、給与管理・経費管理・請求書管理になります。Excelベースといえど、15年間ブラッシュアップしてきたので効率的なフォーマットが確立しており、月に数時間程度の作業ですべてのお金の動きを1円単位で管理できます。もしかしたらこの仕組み、そのへんの業務系S aaSよりも優秀かもしれません。

このようなお金の管理能力があると、どんな会社の管理部とも話が通じやすく、相手も安心してくれます。今ではCOO代行の能力のひとつとしても大変重宝しています。資金力が豊富ではないベンチャー・中小企業の支援において、マーケティングや営業などの〝攻め〟の能力と同じぐらい、組織づくりや収支管理のような〝守り〟の能力は重要です。


話が横道に逸れましたが、心機一転スタートさせたマーケティングコンサルタント事業の話に戻りましょう。当時の私は、成功時に築いていた人脈は霧散したものの、まだ付き合ってくれる友人は何人かいる状態でした。そんな方たちに新事業のことを話すと、「だったらうちの会社を手伝ってほしい」と何件かの案件が決まりました。これに関しては固定部分が月額5万円でしたから頼みやすかったのも大きいと思います。

地道な営業活動の傍ら、自社のマーケティングも行いました。LPを作り、リスティング広告で集客。少しずつ案件を積み上げ、なんとか半年で黒字転換させることに成功しました。当時の収支管理表を見返すと、着水一歩寸前まで追い込まれたぎりぎりのV字回復だったことがわかります。当時のファイルデータは、15年経過した今でも戒めとして保管しています。

再び軌道に乗りはじめた頃には契約社数は10社を超えていました。クライアントはすべてベンチャー・中小企業です。各社とも最初の入口はマーケティングの支援でしたので、ホームページやLP制作、SEO対策やリスティング広告出稿、メルマガ発行が主な仕事でしたが、そのあたりを手伝っていると徐々に売上が増え、売上拡大にあわせてそれ以外の課題が出てきました。営業や採用や業務効率化や育成などです。

通常、マーケティングコンサルタントとして活動していると、それ以外の相談は来ないか、もしくは相談が寄せられたとしても専門外なので断るプロが多いことでしょう。しかし、私の場合は対策が必要な事柄は分野関係なく対応するようにしていたので、マーケティング以外も手伝うケースが増えてきました。

最初に増えてきたのは営業系の相談です。マーケティングを強化して集客数が増えると、当然営業活動を強化する必要が出てきます。広告で獲得したリードに対して、どんな内容の電話やメールをして、どんな初回ミーティングをすると商談率が高まるのか？　商談の後、どんな内容と価格で提案すると成約率が高まるのか？　初回訪問以降のフォロー活動はどうするか？　どうすれば抜け漏れがなく管理できるか……？　そうしたひとつひとつの課題を現場のメンバーと議論しながら解決していきました。

商品設計についても相談を受けました。商品を単発モデルからサブスクリプションモデル（月額制モデル）に切り替えて収益の安定性をアップさせたり、パーソナルスタイリスト事業のサービスを「買い物代行サービス」から「アイテムオーダーサービス」に切り替えて顧客単価を数倍に高めたりしました。かなり珍しいところでは大学生向けの就活スクール事業をプライシングも含めて手伝い、軌道に乗せたこともあります。

商品設計が改善されて、マーケティングや営業が強化されてくると売上が大きくなり、人手が足りなくなってきます。そうなると採用に関しても相談されるようになりました。当

■図18. マーケティングと採用の業務フロー

□ マーケティング
アクセス
クリック
コンバージョン
アポ
商談
成約
顧客に訴求する
顧客をクロージングする
□ 採用
アクセス
クリック
コンバージョン
アポ
面談
採用
求職者に訴求する
求職者をクロージングする

時は採用支援の経験はありませんでしたが、結局採用はデジタルマーケティングから営業に流すフローとほぼ一緒なので、とっつきやすかったのを覚えています（図18）。

人が増えてくると育成も相談されました。私は研修会社に勤めたこともなければ、研修講師としてトレーニングを積んだこともありませんので、完全に我流ですが、経営者や部長から課題を聞き、それに対して必要な知識やノウハウを学び、書籍を読み、パワーポイントの資料に落とし込んで研修もやりました。

マーケティングや営業を含む事業構造がわかっていて、かつ採用や育成にも関わっていたので、最適な人員配置についても相談されました。大袈裟に言えば組織戦略です。事業拡大に合わせてどの部門を何人にするか？　新たにどんな部門が必要なのか？　誰をどのマネージャーの下につけて育成するか？　誰を昇格させてこの事業をマネージメントさせるか……？　そんなことを経営陣と話す機会も増えました。

資金繰りに苦しむ企業からは収支管理についても相談されました。自分の会社の管理を徹底的にやりこんでいたので、それを流用してクライアントの事業計画やキャッシュフロー管理表、日計表などを作成しました。そして「経費圧縮や融資を駆使して、どうやって資金ショートの危機を乗り越えるか？」について税理士を交えながら侃々諤々夜中まで議論しました。

二代目社長をお手伝いした際は生々しい事業承継も経験しました。先代社長からスムーズに世代交代させるため、社内の指示系統をいじって権限移譲を進めつつ、財務面でも二代目の役員報酬を増やし、そのお金で先代から株を長期分割購入させるといったスキームを作り、実行したこともあります。

とにかく必要なのは「知らない分野だから」と言って物怖じせず、周りの友人や専門家など、使えるものをすべて駆使してなんとか課題に対応することでした。

そうこうしているうちに、マーケティングコンサルタント開始時点では起業したての個人事業主や10名未満の零細企業の支援が多かったのですが、5年が過ぎる頃には30~50名規模の会社を手伝うことが増えてきました。相談内容も事業系よりも組織系の方が増えてきました。

そこで、もともと有名な組織コンサルティング会社に勤めていた友人がいたので、彼を巻き込むことにしました。そして2012年あたりから組織コンサルティング系の仕事を中心に行うことにしました。

キャリア4で得たマインドセット

MINDSET

すべて引き受ける。

独立当初は中小企業向けマーケティングコンサルタントとして活動していましたが、やがて支援の内容は営業、商品開発、採用、育成、組織戦略、収支管理、事業継承……と無限に拡大していきました。この時に意識していたのは「食わず嫌いをしない」こと。当時、背に腹は代えられない状況だったこともありますが、どんな業務でも引き受けることで各分野くまなく学習することできました。多くの分野を勉強すると各分野の共通点や類似点がわかって横展開も可能となり、一気に思考の幅が広がったことを覚えています。

STUDY

食わず嫌いをしない

キャリア５
組織づくりを取り扱う組織コンサルタント

前述した通り、２０１２年あたりから組織コンサルタントを名乗って企業の組織づくりを手伝うスタイルへと業務内容をシフトさせました。シフトした理由は、その方が最初から経営者と直接やりとりができるし、経営戦略などの上位工程から話を始められるので、高単価を取りやすいといった側面があったからです。

自社のホームページも作り直し、「中小企業の組織づくりを支援する」という謳い文句でチームビルディングに関する無料セミナーなどを開催しました。

組織づくりを中心にしたことで業務内容も大きく変わっていきました。戦略・ロジックを中心とする〝事業〟の世界から、人の感情や心理を中心とする〝組織〟の世界へと変化したのです。

この頃、クライアントの支援を行いながら学んでいたのは組織論や心理学、ファシリテーション、コーチング、カウンセリング、ワークショップ設計などのスキルでした。心理学などは深掘りすると超常的な部分も出てきてしまうため、一時的にスピリチュアル系の知識にのめり込んだ時期もありました。

また、私自身も少し心理的な病（平たくいえば神経質、完璧主義、共依存）を抱えている面があるので、自身で体験したいという欲求もあり、しばらく心理カウンセリングに通ったこともあります。自分が抱えた個人的な悩みに向き合っていくと、それはそのままクライアントの深い悩みの支援に役立つということが肌でわかりました。こうした経験は今も活きていて、現在もCOO代行の傍ら、まったく方向性の違うサービスとして「エグゼクティブ・カウンセリング」を数件やり続けています。

今ではほぼ1人で仕事していますが、組織コンサルティングに中心軸を置いていたこともあり、社員を10名以上雇用していた時期もありました。というのも、組織コンサルティングをやっていると、経営者の社員に対する腹立たしさ、やるせない気持ちなどに向き合うことが多いのですが、とある経営者に組織に関わるアドバイスをした時、「信國さんは社員を雇っていないから私の気持ちはわかりませんよ」というコメントをもらったことがあったのです。「確かにそうだ」と思った私は、自身でも社員を雇うことに決めました。

ただ、実際に社員を抱えてみると、私と社員の仕事に対する熱意の差に愕然とさせられることが増えてきました。経営者は高い目標を目指したいのに、多くの社員はワーク・ライフ・バランス重視で、どうしても意見が食い違うという事実に行き着いたのです。

結局自分はソロで活動する方が向いてるんじゃないか？　誰にも遠慮せず、自分の目標を追いかけられる状況こそ幸せなんじゃないか？――そう気づいた私は、数年間どっぷり一緒にやっていた組織コンサル会社出身の友人と袂を分かち、自社組織も解散して、改めて事業の方向性を見直すことにしました。

そして行き着いたのが、事業と組織の両輪を支援する「ＣＯＯ代行」という仕事スタイルだったのです。

キャリア5で得たマインドセット

MINDSET

経験に勝る説得力はない。

組織コンサルタント時代の最も大きな学びは、社員10名以上の会社組織を経営してみたことでしょうか。これは支援していた会社の社長に「信國さんは社員を雇っていないから私の気持ちはわからない」と言われたことがきっかけでした。実際、社員を雇ってみると経営者と従業員の熱量の違い、トップの孤独といったものが肌で実感できました。この時の経験は、その後のCOO代行の仕事におおいに役立っています。机上の空論で人の心は動きません。言葉に力を与えるのは自らの経験が一番です。

STUDY

経験は最大の資産

キャリア6
COO代行スタート

原点に立ち返り、2018年から「経営者の右腕として、経営者のための支援をしたい」という想いで支援の主軸を〝組織〟から〝事業〟に戻しました。というのも、ほとんどの経営者にとってやりたいことは〝事業〟であり、〝組織〟はあくまでその手段でしかないからです。まさに米国経営史学者アルフレッド・チャンドラーが言うところの「組織は戦略に従う」です。

ただし、マーケティング、営業、プロダクトといった事業を支援しても、結局それを推進、実現するための組織ができていなければ絵に描いた餅になります。なので、事業支援に主軸を置きながらも、それを達成するための組織戦略・組織構築も同時に支援する――つまり〝攻め〟と〝守り〟の両輪を回すという今のスタイルに行き着きました。

このスタイルを実践するには、これまでのキャリアのすべてを活かす必要がありました。

市場や競合、自社の強みなどから、支援企業の事業戦略・ポジショニングを明らかにし、それを落とし込んでマーケティング・集客を強化するには、ライブドア時代のセミナー企画力やネットビジネスでの経験が役に立ちました。合わせて営業を強化する場合は、受託開発営業をやっていた頃の法人営業やSFA（Sales Force Automation：営業支援システム）導入ノウハウ、マーケティングコンサルタント時代の営業部門支援経験が役立ちました。

プロダクトについては、IT系企業が支援先の場合、受託開発時代の要件定義やプログラミング・データベースの知識が活かせました。IT以外も、パーソナルスタイリスト事業やサブスク型広告サービスなど、いろんなサービス企画をやってきたので、それらの経験が役立ちました。

業務効率化・社内DXについても、受託開発時代の経験が活きました。現場の業務を詳細にヒアリングして、最も効率的に仕事が回り、かつ経営陣にとってはKPIなどの数字が可視化できる業務システムの構築を行いました。余談ですが、ユーザー部門と開発会社の双方の話がわかる人材は、社内DXにおいて極めて重要な位置を占めます。

事業面だけでなく組織面についても、組織コンサルタント時代のコーチングやワークショップなどを通じたチームビルディングのノウハウが活きました。また、組織の中身だけでなく、事業戦略も把握しているからこそ、将来の組織体制や部門構築を見据えた組織戦略策定、評価制度設計・運用、キャリアパス設計といった部分まで支援が可能になりました。

それでは私は、具体的にどんなふうにCOO代行としてのキャリアを築いてきたのでしょう？　ここからは実際の支援の様子を紹介しながら、COO代行についてケーススタディを紹介していきたいと思います。

COO代行事例―1

筋肉質な会社に変身した山形の中小製造業

私が事業内容を〝COO代行〟というスタイルに切り替えたタイミングで、ちょうどよい案件が舞い込みました。第2章でもお話した、山形県にある社員数70名ほどの中小製造業の会社です。現在の社長が二代目で経営経験がまだ十分でないため、右腕的な経営サポートをお願いしたいという依頼でした。同社の支援は２０１８年頭から始まり、現在もまだ続いています。

地方の中小企業にはよくある話ですが、支援当初の同社は経営者だけが頭を悩ませて来年度計画を作り、経営者以下はとにかく日々の実務をやっているという状態でした。ろくに会議もなく、何か問題が起こっても場当たり的な対応が行われるだけ。根本的なフローやルールの見直しなどなく、問題が起こったという情報自体、経営側にほとんど伝わらないような風通しの悪い状態でした。

まず私が最初にメスを入れたのは会議体制です。経営会議はもちろん、各部門の定例会議、また各部門長が出席する部門横断会議を新設して、すべての会議のファシリテーションを担いました。

各部門の会議では、部門長に現状の課題をヒアリングしました。これまで経営者以外、課題に向き合うことに慣れていないメンバーだったので、最初は課題を聞いてもほとんど何も出てきませんでした。それでも根気よく話していると、徐々にいろんな課題が明らかになり、それに対する対策を検討しました。

対策についてはちゃんと担当者と期限を定め、定例会議で常に進捗をチェックすることを地道に繰り返しました。そうすると再び新たな課題が発生し、それに対して対策を立て、ＴＯ ＤＯを管理する——すでにやっている会社からすれば当たり前のことでしょうが、私は「ＰＤＣＡを回す」という原型を現場に植え付けていきました。

各部門長と話している中で、他部門との連携についての課題が出てきました。それらを解決するために前述した部門横断会議を活用しました。この横断会議の一番の成果は、ＳＦＡ（Sales Force Automation：営業支援システム）導入による案件状況の見える化でしょうか。製造業はどこもそうですが、高度経済成長期のような大量生産型案件は格段に減っており、今は多品種少量生産の時代です。

当時の同社では、営業部門は営業、設計部門は設計、製造部門は製造、品質管理部門は最後の品質チェックと納品だけを見ているというセクショナリズムが横行していました。誰も工程の全容を把握できていないため、根本的に多品種少量生産に対して問題がある体質になっていました。それを現場スタッフの残業か、一部のスキルに長けた人材が力技でどうにかするのが日常茶飯事でした。

そうなっている原因について、製造側の部門長に聞くと、言いにくそうに「営業側から次の案件の情報がギリギリまで降りてこない」と言いはじめました。営業部長に確認すると「案件が決まった段階で素早く情報展開しているのですが……」という話でしたが、結局製造側とすり合わせすると、案件が決まった段階での情報伝達では遅すぎるというのが結論でした。むしろまだ受注が決まっていない段階から「こんな案件が、これぐらいの納期で来月入るかもしれない」という事前情報がないと、製造現場側としてはきついというのが本音でした。

その解決策として、私は前述したSFAを活用することにしました。営業側が想定する見込み案件をSFAに入力してもらい、同時にSFAの閲覧権限を製造側にも渡し、見込み案件の発生段階からウォッチしてもらって、気になるものについては事前に営業側とやりとりすることにしたのです。

この対策は非常に効果的で、導入から数ヶ月で営業側と製造側の連携が格段にスムーズになりました。今までは納期に間に合わせて納品することに四苦八苦していた各部門が、計画的に事前対応できるようになりました。また、どうしても無理がある案件については、受注前から営業側に交渉してもらうなど、水際対策が取れるようになりました。さらに、営業活動の管理が抜け漏れなくできるようになったことで営業力そのものも強化されました。

このSFA導入による部門連携強化以外の大きな変化は、経営者が来年度計画を作るのではなく、各部門長が来年の計画を作るようにしたことです。PDCAの延長ともいえますが、前年度をできるだけ数値化して振り返り、それに対して現状の課題を把握し、来期はどういう計画で、どういう施策で、どういう数値目標を設定するのかを考えて発表してもらうようにしました。それをはじめて5年が経過した今、会議すらままならなかった同社は、各部門長が高度な来期計画を作り、組織全体でPDCAが回っていく筋肉質な会社へと生まれ変わりました。

これら2つの変化以外にも、これまでのキャリアを最大限活用して、数々の施策を行いました。展示会主体のプロモーションから、ホームページを刷新してリスティング広告を出稿し、新規顧客からの毎月の引き合いを急増させました。同社になじむ評価制度を作り上げ、上長面談・査定会議による評価運用を軌道に乗せました。事業と組織、攻めと守りをフルカバーした、COO代行としての典型的な案件だったと思います。

さて、肝心の結果ですが、多くの地方製造業がコロナ禍で大ダメージを受ける中、同社は増収増益を続け、直近の決算では売上12億円程度ながら利益2億円を突破。創業40年で最高益を叩き出しました。

COO代行事例｜1

山形の中小製造業

当初の依頼

二代目社長の経営サポート

↓

実際の支援内容

- ☑ 会議を新設してファシリテート
- ☑ PDCAを回す風土を現場に植え付ける
- ☑ SFAを導入して営業と製造の連携強化
- ☑ 各部門長が来年の計画を作るよう変更
- ☑ 新たな評価制度を設計

……など

↓

成果

筋肉質な会社に生まれ変わり、
創業40年で最高益を達成

COO代行事例1で得たマインドセット

MINDSET

「凡事徹底」が最強の勝ち筋。

特に地方の中小企業では経営者一人が会社全体を見ているところがほとんどで、多くの箇所に漏れや課題が埋まったままになっています。COO代行の役割は、そうしたポイントを見つけて修正すること。その際に大事なのは「基本中の基本」を徹底してやり抜くことです。なにも特別なアイデアや起死回生の解決策を編み出す必要はありません。当たり前のことを当たり前にできる環境を整えるだけで、会社は見違えるように成長していきます。

⇩

STUDY

基本中の基本の徹底

COO代行事例―2

倒産寸前だったITベンチャーの大逆転劇

このITベンチャー企業を支援したのは今から約15年前。私のCOO代行としての土台を作ってくれた案件です。

当時の同社は毎月800万近くの赤字という状態で、1億円あった資本金がそろそろ底をつきそうな状態でした。

当時は私もまだ駆け出しで、今のようにCOO代行を名乗っていたわけではなく、会社員時代の経験をもとにマーケティングコンサルタントという形で仕事の話をもらい、お手伝いを始めるという感じでした。

同社から最初に相談されたのは、新規事業のオンラインスクールの集客でした。なかなかしっかりした収益が出なくて苦しんでいた同社は、果敢にも新規事業の立ち上げにトライし、そのうちのひとつを依頼されたという格好です。

案件が始まって詳しく話をお聞きしていくと、同社は月間200万アクセスを誇るインターネットメディア運営を主力事業としていながらも大赤字が続いていることがわかりました。

それだけアクセスがあるにもかかわらず赤字というのが気になり、依頼されたオンラインスクールの集客についてだけでなく、現状の事業課題を広くお聞きしました。今振り返れば、こういった姿勢が後のCOO代行へとつながる要因だったのかなと思います。

ヒアリングを進めていくと、本当は主力メディアへのアクセスを活かして月額有料会員をもっと集めたいのだが、集客に苦しんでいることがわかりました。その有料会員の月額は500円なので、主力の収益事業にしようと思ったら万単位の会員数がないと話になりません。しかし、どういうわけか200万アクセスあるにもかかわらず、月額わずか500円の有料会員が月間100~200名しか増加していません。

他にも、メディアの各所にアフィリエイトリンクを貼り付けて収益を上げるアフィリエイト事業、メディアの一部を広告枠として法人に販売する広告事業も手掛けていましたが、どちらも芳しくない状況が続いていました。

同社は社内体制にも課題がありました。当時の同社は、マネージャークラスの大半が外部の業務委託で、かつ収益化を推進できる人材が不足していました。同社の事業全体を推進する会議にも参加させてもらったのですが、各マネージャーの数字が振るっていないことを社長が指摘しても、謝罪ばかりで何の打開策も出てきません。

「オンラインスクールだけ手伝っても、この会社を成功させることは難しいぞ……」と考えた私は、社長に全体的に手伝わせてほしい旨を申し出ました。困っていた社長は快く承諾。そこから快進撃がはじまりました。


まず私が手掛けたのは、時間のかかる新規事業＝オンラインスクールの立ち上げではなく、月額有料会員事業でした。よくよくデータを見ると、一番肝心な有料会員申し込みLP（ランディングページ：最初に着地するWebページ）への導線が弱く、そのLP自体も訴求力が弱いものでした。そこで、現場にLPへの導線強化とLP自体の修正を指示。LPの修正案は私自身でラフを書きました。導線についても、メディアのアクセスデータから、最も効果的に誘導できる箇所にLPへのリンクを設置しました。

これにより、1日10名未満しか増えていなかった有料会員が、1日80～100名まで増加し、月間で2～3000名を超えるようになりました。また、アフィリエイト事業についても、同じくリンクの設置場所を改善したところ収益が倍になりました。

広告事業については、法人営業部門と共に課題解決に取り組みました。当時の同社は広告枠をスポットで売っていたため、毎月ゼロから売上を立てなければならない状況でした。

そこで私は、「スポンサープラン」という月額制の広告サービスを企画し、最低6ヶ月契約で協賛を募るモデルに切り替えました。これも非常にうまくいって、月100万円程度しか稼げなかった法人営業部門が、毎月安定して300万円は稼げるようになりました。しかも6ヶ月契約になっているので、営業マンのリソースにもゆとりが出ました。これにより、広告以外のサービスとして、法人に対するマーケティングコンサルティングサービスも販売できるようになりました。

さらに、組織化にも着手しました。社長と協力して他社から優秀な人材をジョインさせ、外部の掛け持ちマネージャーから切り替えていきました。管理部のスタッフも動かして新規採用活動を活性化。支援開始はスカスカだった組織が、わずか1年で充実してきました。

人が急激に増えたので、チームビルディングも手掛けました。当時の私はチームビルディング手法に詳しくなかったので、友人の組織コンサルタントに根掘り葉掘り聞いて、見よう見まねで経営合宿やマネージャー合宿などを定期的に行いました。

そして支援開始から半年が経過した頃、私が別のマネージャーと会議室でミーティングしていると、同社の社長が駆け込んできました。

「信國さん、とうとう黒字化したよ！　今期、黒での決算だ！」

そう大きな声で言ったのを今でも鮮明に覚えています。結果として、毎月800万円の赤字を出していた同社は、その半年後に前半の赤字も帳消しにして、黒字着地するほどの収益体質に生まれ変わったのです。

ちなみに、同社はその後わずか数年で見事マザーズ上場を果たしました。今でも同社の社長とは交流が続いていますし、その後多くのクライアントを紹介いただきました。

COO代行事例｜2

ITベンチャー企業

当初の依頼

新規事業のオンラインスクール集客

実際の支援内容

- ☑ 事業課題全体をヒアリング
- ☑ LPの見直しで有料会員数アップ
- ☑ アフィリエイトリンクの設置場所を改善
- ☑ 広告を月額性に変更
- ☑ 新規採用を行いチームビルディング

……など

成果

月800万円の赤字が半年で黒字化。

数年でマザーズ上場

COO代行事例2で得たマインドセット

MINDSET

全体を見渡し、ボトルネックを見つけよ。

ある会社が私に支援を求めてきた時、その会社が何らかの問題を抱えていることは確かです。ただし、その問題が私に依頼された案件と一致するかどうかはわかりません。そんな時、私は会社全体を見渡し、会社の成長を阻害している部分がどこなのか見つけようとします。もし私がスペシャリストであれば自分の専門分野しか見ることができませんが、ジェネラリストであれば全体を俯瞰して見られるはずです。「患部」が見つかれば、あとは処置を施すのみ。ここで大事なのはボトルネックを見つける「目」です。

⇩

STUDY

「患部」を見つける目を磨け

COO代行事例―3

上場を実現したSaaS企業

同社の支援を開始したのは6年前です。前項でお話したITベンチャー社長の紹介で支援が始まりました。

この時もスタート時点ではデジタルマーケティング支援という形態で、同社の主力である法人向けSaaS（Software as a Service：インターネットを通してソフトウェアを提供するサービス）のリード獲得をマーケティング部長とともに増強するのが役割でした。

最初の半年くらいはマーケティング部長と壁打ちをして新規施策を提案し、しっかり進捗管理していくと、その部長もとても素直で優秀な方だったので、順調に月間のリード数は伸びていきました。ところが、リード数が伸びているにもかかわらず、なかなか新規MRR（Monthly Recurring Revenue：月次経常収益）が積み上がりません。

成果が出ないとどうしても首を突っ込みたくなるのが私の性格なので、マーケティング部長に相談して経営陣や営業部長をつないでもらい、状況を聞くことにしました。

前述したＩＴベンチャーと同じく、困っている状況なので、私から話を聞きたいと申し出ると快諾して話してくれました。

詳しくヒアリングしていくといろんな課題が浮かび上がってきました。

１つ目は、営業マン曰く、「他社が同じようなＳａａＳをかなり安く売り出しており、だからうちは売れない」ということでした。

そこで、同社の狙っているポジショニング戦略をお聞きすると、立ち上げ当時に競合がほとんど存在しなかったこともあって、誰もはっきり認識しておらず、ふわっとしている状況でした（余談ですがこういう中小企業は割とよく見かけます。自分のことは自分ではよくわからないという感じですね。だからこそ私のような存在が必要になるわけです）。

では他社にすべて劣っているかというとそうではなく、価格は他社より高いものの、同社のサービスは非常に多機能で、複雑な機能を使いこなせるようにカスタマーサポートも充実しています。一方で、他社は安いからこそ売り切りで、サポートも薄いという状況です。

そこで私は次ページの図19のようにポジショニングを改良しました。

そして、安売りとは真逆の値上げに踏み切りました。もちろん勝手に値上げしたわ

■図19. ポジショニングを改良した一例

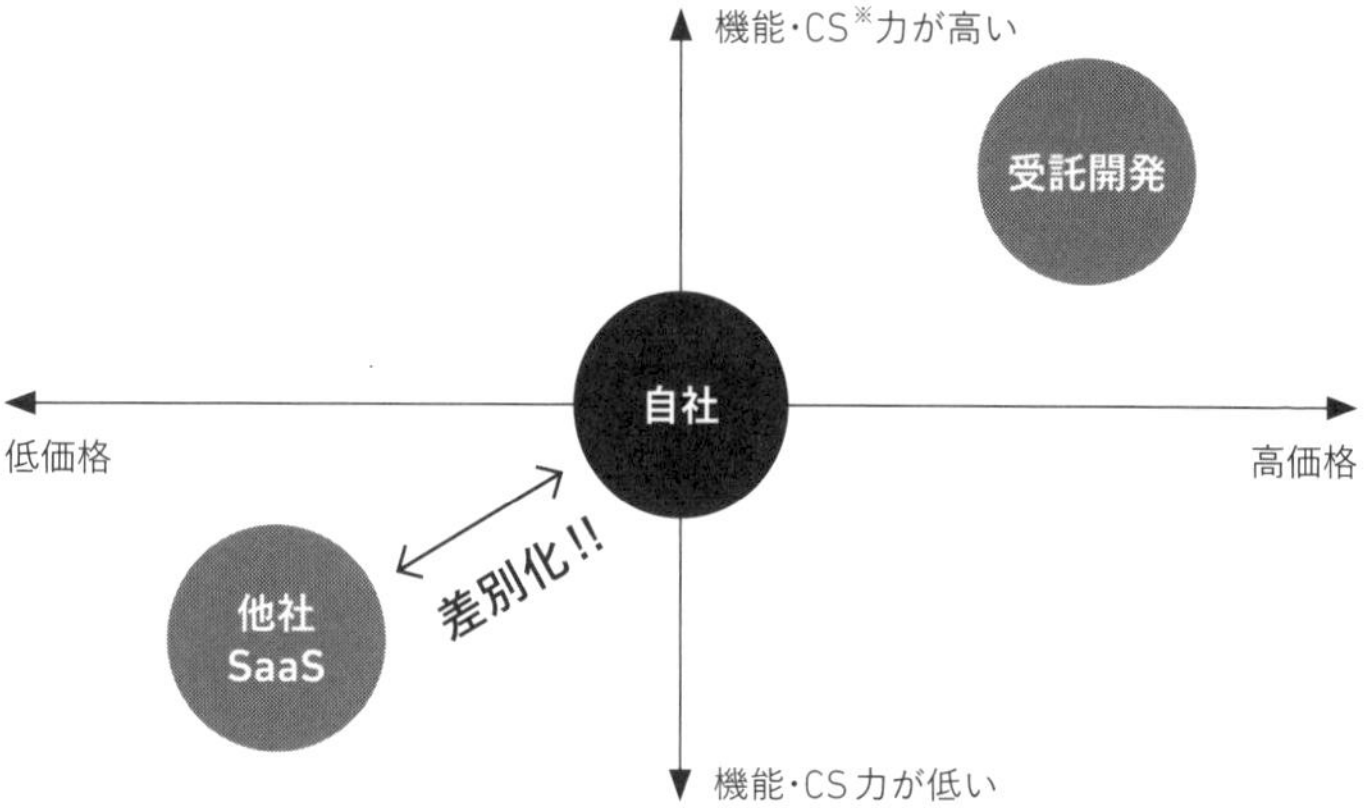
機能・CS※力が高い
受託開発
自社
低価格
高価格
差別化!!
他社
SaaS
機能・CS力が低い

※CS(Customer Satisfaction:顧客満足度)

けではなく、「せっかく他社に負けない良いものを提供してサポートも充実しているのだから、価格競争などせず、むしろ高く売っていこうよ!」と現場を鼓舞し、現場からも「確かにそうだ!」という合意が取れたので実行しました。

この合意については、プロダクト開発をしている技術部から好評だったことはなんとなく理解できると思いますが、実は営業マンも安価な顧客を大量に相手にするのに疲れており、「むしろそっちの方がやりやすい」という話になりました。マーケティング部門としても、差別化したアピールができるのでやりやすくなると言われました。

大きな改革は現場を無視するとうまくいきません。特に小さなベンチャー企業では、各部門をその気にさせなければ大きなうねりを作り出すことなど不可能です。

これに加えて、私はさらなる秘策を仕掛けました。月額料金だけでなく、初期費用も徴収することにしたのです。ただし、これは値上げではありません。初期費用はある意味の見せ球で、「初期費用を無料にするから今月中に契約してくれ」と相手を口説くための営業の武器として使ってもらったのです。というのも、このような業務系ＳａａＳは役には立つものの、ほとんどの企業にとってはすぐに導入しなければいけないものでないため、このような仕掛けがないと毎月の受注を押し込みにくいのです。これは現場営業マンの話を詳しくヒアリングしたことで生まれた施策でした。

組織体制にも大きく手を入れました。同社のカスタマーサポートは充実していたものの、それでも顧客企業が自力で導入するには困難なため、営業マンが受注後の導入支援にも対応していました。

私は営業部門の中でも社歴が長く、プロダクトに精通している人物をカスタマーサクセス部門のマネージャーに抜擢しました。当時彼には、「お前がカスタマーサービスの要になって全体を支えてくれ！　頼んだぞ！」と熱く語ったのを覚えています。そしてサポート部門からも優秀なスタッフを抜擢し、彼の部下として配置しました。

この組織変更が当たりました。値上げや初期費用導入、また組織変更により、マーケティングも営業もカスタマーサクセスも効率が上がり、新規MRRを積み上げやすくなりました。結果、調子が良い時でも50万円程度だった新規MRRが、安定的に100万円を突破するようになりました。

ちなみにその後、同社への支援は新規上場に向けて経営陣をそろえていくという形に変化しました。また、組織全体が機能するようにチームビルディングも手掛けました（同社の場合は酒好きが多かったのでワークショップや合宿というより飲み会が主体でしたが・笑）。

結果、支援を始めて5年後に念願の上場を果たしました。

COO代行事例｜3

SaaS企業

（インターネットを通してソフトウェアを提供するサービス）

当初の依頼

デジタルマーケティング支援

↓

実際の支援内容

- ☑ 自社のポジションを再定義
- ☑ 高価格帯への移行
- ☑ 営業の「見せ球」としての初期費用導入
- ☑ 組織体制の変更
- ☑ 株式上場に向けて経営陣を整える

……など

↓

成果

新規のMRR（月次経常利益）倍増、

5年後に上場

MINDSET

泥臭いメンタリングの重要性。

いくら上司が頭ごなしに命令しても社員はついてきません。それが外部の人間ならなおさらで、素直に言うことを聞きたくないのが人間の心理です。ではどうすれば相手の心を開くことができるのでしょう？　それには相手の感情に訴え、相手の心を動かす必要があります。私はこのSaaS企業の方たちと何度も酒の席を重ねました。二次会、三次会まで付き合い、最終的には「信國さん、僕らよりウチの会社のこと考えてますよね」という言葉をもらいました。ロジックや建前の奥底にあるメンタルの重要性を忘れてはいけません。

STUDY

社員の心を動かすのも仕事

COO代行事例―4

DX戦略を大きく前進させた不動産会社

こちらも最初はデジタルマーケティング支援からスタートしたのですが、最終的には不動産会社のグループ企業全社を巻き込んだDX（デジタルトランスフォーメーション：デジタル変革）戦略を推進するという、まさにCOO代行と言えるような案件のお話です。

最初に声をかけていただいたマーケティング支援は、同社のグループ会社が運営する賃貸仲介サイトに入居者を集めるという内容でした。ただ、担当者と話してみると、不動産会社が母体なのでITに詳しくない社員が多く、ホームページ制作会社やSEO対策会社、インターネット広告代理店などを活用してどうにか回しているものの、ほとんど業者の言いなりになっている状態でした。

そこで、私は外注管理も含めたマーケティング部長代行のようなことをやりはじめたのですが、同社が将来的にどんなゴールを見据えているか気になり、担当者にヒアリングすると「よくわからない」という回答。グループ会社の役員にヒアリングしても、DX周りについては要領を得ない感じでした。あまりに消化不良だったので「よければ上層部の構想も一度聞かせていただけるとお力になれるかもしれません」とお伝えすると、あれよあれよと話が進み、グループ全体のトップと話せる機会をいただきました。

トップに詳しくヒアリングすると、これからの時代は不動産業界もDXを進めていかないと生き残れないという危機感を持っていることがわかりました。ただ、社内には不動産に詳しく、営業や現場マネジメントとしては優秀なマネージャーがそろっているものの、ことDXについては不得手なため、DX推進を担える人材がいないという点が一番の悩みどころだと話されました。

その話を受けて、私はこの会社のDX戦略構築と推進、またそれを担える社内体制の構築、そして既存役員・マネージャーのDX周りのアドバイス・育成という取り組みを始めることにしました。

この取り組みを始めるにあたっては、最初にお手伝いしていた賃貸仲介事業よりも、同社の主力事業である不動産管理事業に着目しました。同社の利益の大部分がこの不動産管理事業によって生み出されており、収益インパクトが最も大きいと思ったからです。

現場の状況を確認してみると、想像通りDXとはほど遠く、不動産業界にありがちなメインの業務ツールが紙や電話やFAX、せいぜい使っていたとしてもExcelやGoogleスプレッドシートという状況でした。

経営者の根っこの想いが「DXによって旧態依然とした業界の仕事のやり方を根本的に変えたい」というものでしたので、私はまず社内のIT化を活動の中心軸に据えました。最終的に業界を巻き込んだDXを推し進めるにしても、そもそも社内が旧態依然であったなら話にならないからです。社内IT化を推し進めることで業界のDXの具体的方向性を明らかにし、それを担える組織体制も作っていく必要があると私は考えました。

とはいえ、トップから現場までほぼ営業主体の泥臭い不動産会社に、DX周りの人材はなかなかジョインしません。そのような人材の新規採用を強化しつつ、外部のエンジニアを活用しながら社内のIT化を進めていきました。

これについては、新規部隊を作って推進するだけでなく、現場マネージャーの育成も同時に進めました。これは業務システム開発によくある話ですが、どんなに優秀なエンジニアや開発パートナーをそろえて社内のIT化・システム化を進めても、現場の協力がなければ結局は使い物にならないシステムができあがってしまうものです。真に業務効率化が行われ、業界の革新ができる可能性を秘めた社内ＩＴ化を成し遂げるには、外からジョインさせた開発部隊だけでなく、現場マネージャーのＩＴリテラシーと、現場の業務を見据えた要件定義能力の向上が必須だと私は考えました。

なのでひとつひとつのシステムは、外部の開発パートナーと現場マネージャーの両方を巻き込んで要件定義をしていきました。マネージャーにはそもそもなぜこのような取り組みが必要なのか伝え、旧態依然とした不動産マネージャーではなく、ＤＸがわかる先進的な不動産マネージャーを目指すよう何度も声を掛けました。こうした地道な取り組みは数年間続きましたが、結果として既存マネージャー陣はたくましく成長し、要件定義などについても開発部門と対等に話ができるようになりました。

また、開発パートナーも下請け根性丸出しの会社とは契約せず、外部であっても内部の人間のように要件定義や導入にまで付き合ってくれる優秀なフリーエンジニアを準委任契約で巻き込みました。

最終的に、同社のＤＸ推進には5年以上かかりましたが、結果として業務の大半をＩＴ化し、ＩＴ化の先のＤＸ戦略まで担える組織体制ができあがりました。今後、業界他社に向けてその知見を活かしたＩＴサービスを展開していける土台が構築できたと自負しています。

COO代行事例 | 4

不動産企業グループ

当初の依頼

グループ企業が運営する賃貸仲介サイトの
マーケティング支援

実際の支援内容

- ☑ グループトップをヒアリングした後、グループ全体のDX戦略構築と推進を担当
- ☑ 手始めに不動産管理事業をIT化
- ☑ DX人材の採用強化
- ☑ 現場マネージャーのITリテラシー強化

……など

成果

5年以上かけてDXを推進。
今や業界他社に
ITサービスを販売できるまでに成長

COO代行事例4で得たマインドセット

MINDSET

興味を持って、本質を探れ。

この不動産企業の支援でカギとなったのは、グループトップのヒアリングまで持ち込んだことでした。直接の担当者に話を聞いてもいまいち全体像がわからない。普通であればそこで諦め、それ以上立ち入らない人が大半でしょう。しかし私は気になることは放っておけないタイプなので、問題の本質を深掘りして、トップに辿り着いてしまいました。それは課題に対して他人事で接するのではなく、「内部の人以上に内部」の気持ちがあったからこそできたことでしょう。

⇩

STUDY

「内部の人以上に内部」の気持ち

以上が私がCOO代行に至ったストーリーと、これまでCOO代行として手掛けてきた事例になります。読んでみて具体的なイメージは描けたでしょうか？

もちろん、私がこうしたからといって、私とまったく同じ道を歩む必要はありません。これを参考に、あなたなりのジェネラリストへの道が見つかれば幸いです。

第5章

ますます広がるCOO代行の可能性

COO代行がもたらす3つの社会的価値

最後となる5章ではCOO代行の社会的価値についてお話しさせていただきます。

COO代行の社会的価値はいくつかありますが、まず1つ目は**「中小企業の経営者を元気にする」**という点だと思います。

ここまでの内容をご覧いただいてもわかるように、ベンチャー・中小企業、特に地方の企業では、経営幹部クラスの人材が枯渇しています。経営者とさまざまな分野の悩みについて対等に話せる人材は、外部を含めてもなかなかいません。経営者の周りには税理士などそれぞれの分野の専門家はいますが、トータルで相談に乗れる相手はなかなかいないのが現状です。強いていうなら同じ経営者仲間がそれにあたりますが、プライドもありますから、余程の仲でないと赤裸々な内情を相談するのは難しいでしょう。

ですので、ほとんどの戦略構築や計画作成、あるいは重要な意思決定や施策の推進は、経営者が日々悩みながら奔走しています。朝から晩まで働いて、頭の中は常に事業でいっぱいという経営者も珍しくありません。報酬はそれなりに高いものの、経営者自身のワーク・ライフ・バランスや、家族との関係性についてはあまり良くないという方も少なくないと思います。

経営者が元気でなければ、やはり会社も元気を失います。経営者が幸せでなければ、会社自体もギスギスと暗いムードになります。経営者が経済的にも精神的にも豊かでなければ、その下に連なる社員たちも豊かになるはずがありません。結局、**起点はすべて経営者の笑顔**なのです。

にもかかわらず、「上に立つ人は立派であるべき」という思い込みが強い人が多いので、経営者の辛さは無視されがちです。トップなのだから苦しいのは当たり前と考え、弱音を吐いたり、誰かに相談したりすることを自ら禁じてしまう人も少なくありません。大きなリスクを取り、苦労して起業したにもかかわらず、こんなに孤独な状態では、経営者は報われません。

COO代行はそんな経営者を総合的に支援し、元気にしていくのが仕事です。COO代行が会社経営をサポートすることで、経営者は苦手な分野の仕事を自力でやらなくてもよくなり、安心して事業に取り組めます。

私は、**このサービスの担い手が増えれば、もっと元気で幸せになる中小企業経営者が増える**と考えています。それはその先の社員や家族の幸せにもつながり、ゆくゆくは地方創生も含め、国の発展にもつながるはずです。

COO代行の2つ目の社会的価値としては**「独立した支援プロ人材を元気にする」**が挙げられるでしょう。

税理士などの士業をはじめ、コンサルタントやコーチや研修講師、マーケターやエンジニアなど、〝業務委託〟という形で企業を支援するフリーランスのプロ人材は近年増えています。しかし、そうした方の中で、仕事の単価や年商、やりがいに頭打ちを感じている方は少なくありません。実際、COO代行のように、〝経営者の右腕〟と言われるレベルの支援までやれている方はまだまだ少ないのが実情です。

一方で、テクノロジーの進化により、高度なAIや協働ロボットが労働力として大きく躍進する時代が目の前まで迫っています。今後、作業的な仕事のほとんどはこうしたAIやロボットに奪われていくことでしょう。そうなると、人間に残された仕事は戦略立案・意思決定など、上位工程を中心としたものになっていきます。

COO代行という仕事は、そのような状況下でも有効な武器となり、独立して働く支援プロを元気にする効果があると考えます。単なる単価や年商だけでなく、**クライアントから総合的に右腕を任せてもらえるという点に強いやりがいを感じる方は多い**

のではないでしょうか。また、リモートでも可能な業務スタイルですので、このようなプロ人材が都心に縛られず、地方に拠点を持つことで、地方の中小企業活性化と同じく、地方創生にもつながると考えています。

3つ目の社会的価値は**「会社員を元気にする」**という点です。

中小企業内で活躍する人材は、物怖じせずいろいろチャレンジする人が多いため、結果的にジェネラリスト型になっている方が少なくありません。しかし、**優秀であるにもかかわらず「自分は何でも屋で専門性がないから独立は無理だ」と思い込み、諦めている方が結構いる**のが現状です。事実、私が主催するCOO代行養成講座にも、独立支援プロに混ざってそのような現役マネージャーや事業部長が参加されます。

私は、COO代行という新たな業務スタイルがそのような方々を独立しやすくさせるきっかけになると考えています。この働き方は、起業というより「インディペンデントワーカー（独立労働者）」に近いからです。

インディペンデントワーカーが増えると、人材の流動化は大きく進みます。優秀な人ほど多くの会社を掛け持ちして働くスタイルになるでしょう。もちろん、個人で大きく稼ぐ人も増えることでしょう。

COO代行がもたらす3つの社会的価値

1. 中小企業の経営者を元気にする
2. 独立した支援プロ人材を元気にする
3. 会社員を元気にする

↓ まわりの家族の幸せ

↓ 地方創生

↓ 国の発展

未来の労働は楽しいものだけになっていく

では、これからCOO代行をめぐる状況はどのように変わっていくでしょう。それを考えるには、未来の労働環境について想いを馳せることが重要です。

みなさんニュースなどですでにご存じのように、近年の少子高齢化・労働力減少によって、AIや協働ロボットの一般化が急速に進んでいます。この潮流が進んでいくと、おそらく誰もやりたがらない単純労働は消滅して、その一方で、富の一極集中がますます進んでいく未来が待ち受けていると思われます。稼ぐ人はひたすら稼げるけど、稼げない人はまったく稼げない社会です。そうした状況をフォローするため、ひとまずすべての人の生活を担保する「ベーシックインカム制度」の導入も現実にありうるかもしれません。

そうなってくると、労働・仕事というもののカタチは大きく様変わりします。ベーシックインカムが導入されれば、これまで生きるためにやらざるを得なかった仕事から解放されます。ぜいたくを望みさえしなければ、イヤな仕事などもはやしなくてもよくなるのです。

ではベーシックインカムが導入されると、仕事というものは消滅してしまうのでしょうか？——それは違います。おそらく**「やって楽しい」と思える仕事だけは残ります。**言い方を変えると、人は楽しむために仕事をするようになるし、そうした〝楽しい仕事〟〝やりがいが感じられる仕事〟しか人間がやる必要がなくなるのです。

実際、**今の私にとってCOO代行という仕事は精神的には娯楽と同じ**です。〝やらされているもの〟ではなく〝やらなければならないもの〟でもなく〝やりたいもの〟であり〝やっていて楽しいもの〟。確かに私はCOO代行をやることでお金を稼ぎ、それでごはんを食べていますが、生活の糧という以上に、歓び・楽しみのニュアンスの方が近いのが正直なところです。

ここでまた漫画のたとえを出しますが、たとえば『ドラゴンボール』の孫悟空は敵を倒さなければいけないから倒しているのでしょうか？　彼にとってあれは仕事なのでしょうか？　おそらく違うだろうと思います。悟空は単純に楽しいから敵と戦っているのです。敵と真剣勝負をしている時のワクワク感、それによって感じられる自分の成長や充実感——それが感じたくて敵と戦っているはずです。

『ONE PIECE』のルフィも同じです。ルフィは海賊王になるという目標のもと楽しいから船に乗り、あちこちの海を回っています。

きっと未来の労働というのは、そうした〝楽しい〟ものになっていくのではないでしょうか。やりたい人がやるもの。たとえお金があっても働きたい人が働くもの。そのイメージは、やりがいを持って働くインディペンデントワーカーそのものです。

COO代行と紐づけて語るなら、ロボットは感情を扱うEQ的な仕事や、総合的な情報を網羅して曖昧につないでいく業務は苦手です。人間に残されるのは、こうした職務のみになることが予想されます。

COO代行養成講座では受講生の人格が変わる

これまでCOO代行という仕事を完遂するために必要な素養、それを身につけるための技術やマインドセットなどを紹介してきました。それらの要素は重要ですが、本の最後であるここにきて、私はこれまでの話を全部ひっくり返すようなことをみなさんにお伝えしたいと思います（笑）。

さまざまな小技、テクニックは有用で、みなさんの仕事をラクにしてくれると思います。しかし、私は**COO代行に真に必要なのは心の部分、いわば自分の在り方であり、魂の持ち方**だと感じています。

実際、私が開催しているCOO代行養成講座を受講された方は、みなさん私が話す内容に驚かれます。多くの方々はすぐに使えるある種のHow to、具体的な技術が手に入ることを期待して受講を決めますが、私の講座は単にそうした便利アイテムをゲットしてスキルアップという感じにはなりません。というよりも、講座を修了した後は、みなさん受講を決めた時とはまったく別の人になったような感触――つまり**人格そのものが変わってしまうような根本的な変化**があるのです。

これまでこの本を読んできて、もしかして私のことを冷静だとか理知的だとか感じられた方がいたらごめんなさい。私の心の芯を形作っているのは、実はとても単純で、熱く、感情的なものだったりします。これから紹介するエピソードは、講座の際に受講生にも話すものですが、毎回私は感情がぶり返してきて話しながら泣いてしまいます。他人から見たら単なる思い出エピソードに見えるかもしれませんが、私にとっては泣いてしまうほどの強い思い入れがあった場面なのです。

たとえば、あるベンチャー企業の支援をした時のことです。

その会社は赤字が続いていて、このまま行くと来月には倒産してしまうという危機的状態でした。社長も追い詰められたギリギリの状態、もうこれをしくじったらおしまいという極限の状態で、私に託されたのは社運を賭けた最後のチャンスというものでした。

そんな支援の最中に、私は運悪くインフルエンザにかかってしまいました。熱は40度近くまで上がりましたが、会社がそんな状態なので休んでいるわけにはいきません。私は当時マーケティングのお手伝いをしていたので、熱が40度ある中でも朝5時に起きて、自力でブログの更新を行いました。そうすると、そのタイミングで3人の無料相談の申し込みがありました。私は高熱にうなされながらも社長に連絡して、必死の思いで叫びました。

「社長、私が命懸けで送り込んだ3人です。あとは頼みます！」

それに応える社長の声も涙ぐんでいました。これまで一緒にギリギリの綱渡りをやってきた間柄です。経営者と支援者という役割を超えて、お互いすべてをさらけ出して共闘してきた関係です。

「任しといてください！　信國さんが命懸けで送り込んでくれた3人、僕は必ず今日1日で100万円売り上げます！」

信じられないことですが、なんとその日、社長は本当に1日で100万円を売り上げてしまったのです。そしてそこから快進撃がはじまりました。倍々ゲームで契約が増えていき売上も急上昇――このまま行けば翌月倒産という状況だった企業が、3ヶ月後には税金対策を考えなければいけないまでに生まれ変わりました。

またこれは別のベンチャー企業の話です。

こちらの企業は業績的には何の問題もなかったのですが、社長のキャラクターに多少問題がありました。社長には敬愛する先輩社長がおり、その人に心酔しすぎるがあまり、彼の意見やアドバイスをすぐに鵜呑みにして、会社の経営方針をコロコロ変えてしまうのです。先輩を敬愛するのは人として素晴らしいのですが、それがあまりにもひどすぎるため、彼の下で働く幹部や社員は冷めた気持ちになり、会社の士気がいまいち上がらない状況が続いていました。

そんな中、私は社長や社員たちと4人でお酒を呑む機会に恵まれました。場所は個

室のある居酒屋です。お互い少しずつ酔いが回ってきた頃合いを見計らって私は、

「なんで○○さん、先輩の××さんの意見ばかり聞くんですか？」

と話を切り出しました。

「いや、××さんは立派だし、資産もすごくお持ちだし――」

「いやいや、自分たちのボスが他のボスの話ばかり聞いてるのって僕らからしたら悔しいんですよ！　何でわかんないんすか。僕はあなたについてきてんすよ。あなたはあの人を超えるボスになるって、少なくとも僕はそう信じてますから！」

社長は穏便に収めようとしましたが、私は半分は酒の力を借りて、残りの半分は酒に酔ったように見せかけて、個室で熱弁をふるいました。思いの丈をぶちまけていました。

そして翌日、社長からは
「昨日のことは本当にうれしかった」

というメールが届きました。普段はそんなことなど絶対に言わない、どちらかというとコミュ障気味の社長です。

その言葉と共に先輩社長に関する発言は減り、会社の中での社長の求心力はぐっと増していきました。

ひとつひとつの仕事に魂を込めることの重要性

この2つのエピソードで私が言いたいのは、結局人を動かすのは小手先の技術ではなく感情だということです。クライアントのことを本気で考えているかどうか。そうした**情熱は先方にも必ず伝わるし、それが根っこにないと人は動いてくれません。**

そもそもひとつの専門領域だけの支援ではその企業のことを救えない、だったらどうすればいいか？——ということを真剣に考えていった先に、企業の経営全体を支援するCOO代行という形に辿り着いたところがあります。

ですので、私は養成講座でもまずその部分、「本気で相手に関わる」「本気で相手にぶつかっていく」ことの重要性を話します。「外部の人間である自分が、リーダーとして企業を引っ張っていけるはずがない」という思い込みを取っ払って、「自分にはそれができる」というマインドに変わってもらうところからスタートします。

そして最終的に私が受講生の方にお話しするのは、

「泣けるくらいの仕事をしよう。そっちの方が楽しいよ」

ということです。講師が講義のたびに泣く講座というのはあまりないと思いますが、でもそうやって**ひとつひとつの話に〝魂を込める〟**ことが私は大事だと思っています。

「聞く力」のところでも話しましたが、物事を誰かに伝えるにはロジックの部分と気持ちの部分、両方がそろっていることが重要です。できるところまでは言葉を尽くして丁寧に説明するけど、限界を超えた部分に関しては〝涙で説明する〟とでも言いましょうか。私が涙を流すことで、一発で「この人は本気でこのプロジェクトに取り組んでいるんだ！」ということが伝わり、チームの団結が進みます。

こうしたことは頭で仕事を進めるタイプの人には理解できないかもしれませんが、人がついてくる根本の理由は、やはり仕事に対する本気度や真剣さ、そして魂の部分であると思います。であるならば、ビジネスの現場でもそれをきちっと表現できなければなりません。

そのことを講座で問うと、受講生の方はみなさんハッとした面持ちになり、自分に対してこんなふうに問い掛けます。

「俺、これまで本気で仕事に取り組んでいたのかな？」

「俺、これまで仕事を楽しんでいたのかな？」

COO代行は波乱万丈の冒険コミック

私はこれまで本書の中で多くの漫画作品を例として紹介してきました。それは、有名な漫画ならみんなが知っているので、例としてわかりやすいと思ったためでもありますが、それ以上に私が本当にそれらの漫画が好きである、そして生きる上で多大な影響を受けてきたという側面の方が大きいです。

たとえば『ドラゴンボール』。孫悟空はたとえピンチに陥ってもいつも笑顔です。悲惨な目に遭っても「ワクワクするぞっ!!」と前向きに捉え、強敵に出会った時も「困ったな……」というより「やったラッキー！」というマインドで臨みます。まさに**波乱万丈を楽しむスピリット**。私はこれは人生を幸せに生きる秘訣だと思わずにはいられません。

　または『ONE PIECE』。私にはとても好きなシーンがあって、ルフィが敵に捕まって首を切られそうになった瞬間、彼は笑顔で、

「わりぃ　おれ死んだ」

と言うのです。ピンチの最中で、笑顔で「おれ死んだ」と言えるメンタリティ。それは、**これまで自分らしく楽しく生きてきた、危険であることを承知の上で冒険を選択してきた、だから途中で死ぬことになっても何の問題もない**――そんな覚悟と潔さが表れているように思うのです。

　仕事を生活のためと捉え、〝やらなければいけない〟の気持ちでいると、いつしか人生はつまらないものになっていきます。チャレンジや冒険を忘れてしまったら、仕事は気の抜けた〝ライスワーク〟に陥ってしまいます。

　私は今46歳で、COO代行を名乗るようになって5年が経ったところです。COO代行には大変な部分もありますが、それでも楽しみに満ちたやりがいのある仕事です。誰かのピンチを救い、誰かと共に成長を実感できる。それはスリリングで、ドラマチックで、常に先が読めないストーリーで、スケールの大きさこそ違いますが『ドラゴンボール』や『ONE PIECE』の世界を自分なりに生きているような感覚がありま

す。自分が主人公の連載冒険漫画が続いているようでもあります。

それは子どもじみたおかしな考えでしょうか。

でも世界中の人が『ドラゴンボール』や『ONE PIECE』を愛読しているのは、みんなああいったワクワクする人生を夢見ているからではないでしょうか？　だったら自分もそんなふうに生きればいいんじゃないでしょうか？　「あれは漫画で現実とは違うよ」と勝手な枠に押し込めているのは、自分の心だったりするんじゃないでしょうか？

あの日、漫画を読んで憧れた気持ちのように、ワクワクした想いで仕事に臨みたいと思いませんか？

先が読めない冒険漫画のような人生を選ぶか、古新聞のような代わり映えしない人生を選ぶか、決めるのはあなた次第です。あなたはあなたの人生を、生き方を、ストーリーを、幸せを、戦い方を、自分で選ぶことができるのです。

私はさまざまな修行、ライバルとの出会い、仲間との友情、数々のピンチ、それを乗り越えた末の勝利などを経験しながら、今COO代行というストーリーを生きています。

みなさんも、ぜひ最強のビジネス戦闘力を身につけた選ばれし戦士として、このCOO代行という冒険世界に飛び込んできてもらえればと思います。

おわりに

ここまで読んでこられていかがだったでしょうか？

本書を読み終えた方はわかると思うのですが、この本は事業や組織に加え、感情・心理など内容が多岐に渡るため、まとめるのが大変でした。最初出版の話が決まった時は、どうやって1冊にまとめようか頭を悩ませたものです。

よくこのような「あとがき」には編集の方をはじめ、書籍に関わった方々への感謝が書かれています。当初はそのようなありきたりな内容もつまらないので、破天荒なテーマの本にふさわしく、あとがきも破天荒なものを考えていました。

しかし、担当編集者との数え切れない協議の末にできあがった本の最終形を目にした時、その考えは変わりました。そしてほとんどの本であとがきに関わった方々への謝辞が書かれていることの本当の意味が理解できました。

実は私が本を書いたのは今回が初めてではありません。20年近く前に1冊出版しています。ただ、当時は私の考えも浅薄で、思いつくまま話した内容を、ゴーストライターの方にまとめてもらったようなものでした。当然、中身に魂など入っているわけがありません。あとがきもそれっぽい謝辞を書いた、いわゆるやっつけ仕事でした。

それから20年——私はさまざまな経験を通して、仕事に魂を込めることの大事さを痛感してきました。そして、今回の書籍も自分の魂のすべてをぶつけようという想いで書き上げました。だからこそ、その魂を汲み取って、さらに魂を込めて編集いただけたことが完成原稿を見てわかりました。

この本の最終形は自宅近くのカフェで確認したのですが、自分の話ながら読んでいて涙がこぼれました。文中に「泣けるぐらいの仕事をしよう」とありますが、まさに編集の方がその姿勢を体現してくださったのです。

本書の編集を担当してくださった株式会社ザメディアジョンの山本速さん、フリーライターの清水浩司さん、お二人がいなければこの本は完成しませんでした。売れるかどうかはタイミング次第かもしれませんが、他に類を見ない本物の書籍に仕上がったと確信しています。心から御礼申し上げます。

また、そのような素晴らしい出版社をご紹介いただいた一般財団法人ブランド・マネージャー認定協会の岩本俊幸代表理事、徳永美保さんにも御礼を言わなければなりません。本当にありがとうございます。

書籍で一番大事な「はじめに」や「表紙デザイン」に関して、Facebookのタイムライン投稿で意見をくださった友人達にも感謝を述べたいです。応援してくれて本当にありがとうございます。

そして、ただでさえ忙しい中、執筆でさらに時間を取られている私を支えてくれた妻にも改めて感謝を伝えたく思います。そもそも妻が支えてくれなければ、執筆どころかCOO代行として独立することも無理でしたから、世界で一番感謝を伝えたい相手です。私は「真のジェネラリストは仕事と家庭を両立してこそ」と考えていますが、それができているのはほぼ妻のおかげです。本当にいつもありがとう。

最後に4人の子ども達。パパは結構恥ずかしがり屋だから直接は言わないけど、こっそりここに書いておくね。みんな心から愛しているよ。どんな道でもかまわない。やりたいこと、思うことをワクワクしながら楽しんでね。君たちのこれからの素晴らしい大冒険をパパは見守っています。

最後に、私と一緒に苦楽を共にしてくれたクライアントや受講生のみなさんにも御礼を言いたいです。みなさんがいなければ私は冒険すらできませんでした。

そして、これからまたさらなる冒険が待っている——そんなふうに自分の人生を生きてくれている信國大輔にもありがとう。

これを読んだ読者のみなさまが、これからさらに素晴らしい冒険を体験されることを願って本書を締めくくりたいと思います。

2023年10月3日　信國大輔

書籍購入者限定特典

著者・信國大輔による「COO代行」ミニセミナー動画公開中!!

※コピー・拡散はご遠慮ください

［著者］
信國 大輔（のぶくに だいすけ）
株式会社びりかん 代表取締役。1977年生まれ。福岡県出身。「COO代行」として数十社のベンチャー・中小企業を支援する傍ら、このノウハウを多くのフリーランスや会社員に指導して世の中に〝超普遍的スキル〟を持つ成功者を増やすため、「COO代行養成講座」などを開催している。これまでに支援した企業は130社を超え、うち3社は上場成功。「倒産寸前の零細企業をわずか3ヶ月で月商を7倍まで引き上げV字回復」「数名規模のITベンチャーを支援して同じく毎月赤字状態から半年で黒字化、わずか5年でマザーズ上場を達成」など数々の成功実績を持つ。また、開催したセミナーやワークショップの参加人数はのべ5000名を超える。

COO代行
それは最強のビジネス戦闘力を持つ職業

2023年11月30日 初版発行
2024年 6月 7日 第2版発行

著者 信國大輔
発行人 田中朋博
発行所 株式会社ザメディアジョン
〒733-0011 広島市西区横川町2-5-15
TEL 082-503-5035 FAX 082-503-5036
企画・監修 一般財団法人 ブランド・マネージャー認定協会

構成 山本速
編集 清水浩司 芝紗也加
デザイン・DTP 向井田創
校閲 菊澤昇吾
印刷・製本 株式会社シナノパブリッシングプレス

ISBN 978-4-86250-786-0